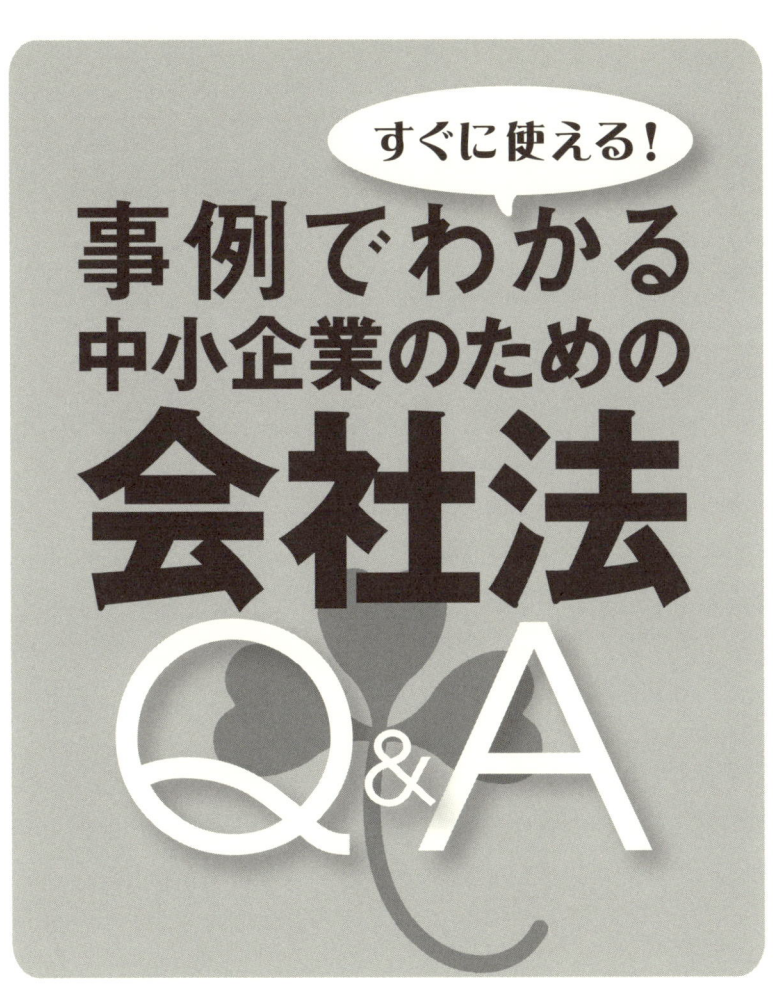

すぐに使える！
事例でわかる
中小企業のための
会社法
Q&A

企業法務実務研究会 編著

三修社

はしがき

　商法の時代から株式会社に関する規定は頻繁に改正されていましたが、平成17年に50年ぶりともいわれる会社法制が大幅に改正されましたが、その中で会社法が制定され、平成18年5月1日に施行されました。

　そのなかには、特例有限会社、会計参与、定款自治、内部統制などの大きな論点がいくつもあり、これに対する対応が必要になっています。

　しかしながら、全国において約150万社ある法人形態の中小企業（2004年総務省事業所・企業統計調査から）の方々においては、十分に会社法に対応されていないのが実情ではないでしょうか。

　その理由としては、情報不足から会社法を遵守しなければならないという認識をもつに至っていない、あるいは、そのような認識があっても、どのように対応してよいかわからないといった様々なものがあるものと思います。

　新会社法制定後、様々な実務本が出されていますが、どちらかといえば、会社法の説明に重点が置かれ、中小企業の方々が新会社法に対応するための実践的な本は少ないように思われます。

　そこで、本書では、中小企業の方々にお役に立てていただくことを主眼として、下記のような工夫を行いました。

① 「ルーチェ株式会社」という菓子製造の架空の中小規模の企業を設定し、このルーチェ株式会社の社長、役員らが抱える具体的な法律上の問題をわかりやすく解説しました。

② また、本書を手にした中小企業の方々がすぐにでも新会社法に対応できるように、各論点につき書式、文例を多く取り入れました。

　以上のような試みが、本書を手にした皆様が新会社法に対応していただく際の一助になれば幸いです。

　また、本書に対する忌憚のないご意見、ご批判をいただければ今後の参考にさせていただきたいと思います。

最後になりましたが、本書の企画・編集にあたり、株式会社三修社の齋藤俊樹氏、有限会社木精舎の有賀俊朗氏には大変お世話になりました。心から御礼申しあげます。

　平成20年8月1日

　　　　　　　　　　　　　企業法務実務研究会　弁護士　中井　陽子

■目　次

はしがき

序章　「会社法」って何だろう？

　「会社法」を守らないといけないの？
　「ルーチェ株式会社」とは？

第1章　定款自治の拡充

Q.1　定款って何？……………………………………………………22
　定款とは何ですか？
　定款に違反した行為はどうなるの？、
　定款の記載事項は？
　「当会社の発行する株式の総数」って？
　定款を変更する方法は？

Q.2　新会社法による定款への影響（定款自治とは？　みなし規定って？）……27
　定款自治って何？
　なぜ「定款自治」になったの？
　定款の相対的記載事項
　自由な機関設計
　みなし規定って？

Q.3　会計参与って？……………………………………………34
　会計参与って何？
　会計参与の仕事内容は？
　会計参与はだれでもなれるの？　任期は？
　会計参与の責任は？
　会計参与設置のメリット
　会計参与を設置するための手続は？

第2章　株主総会

Q.4　株主総会とは？ ……………………………………………………… 42
- 株主総会を開く意味は？
- 株主総会では何でも決められるの？
- Xは大株主なのに株主総会で決めないといけないの？

Q.5　どういう場合に株主総会を開くのですか？ ………………………… 45
- どのような場合に株主総会を開かなければいけないの？
- いつ株主総会を開くのか？（定時株主総会、臨時株主総会）
- 普通決議とは？　普通決議事項は何？
- 特別決議とは？　特別決議事項は何？
- 特殊決議とは？　特殊決議事項は何？
- 株主総会で役員報酬を決めていない場合

Q.6　株主総会を開くまでのスケジュールは？ …………………………… 51
- 定時株主総会の一般的スケジュール
- 監査役設置会社の決算スケジュール
- 会計参与設置会社の決算スケジュール

Q.7　株主総会を招集する手続は？ ………………………………………… 58
- だれが招集するの？
- いつまでに招集するの？
- どうやって招集するの？
- 招集場所はどうすればいいの？
- 株主総会招集通知の書式は？
- 招集手続を省略できる場合はあるの？

Q.8　株主総会運営の注意点 ………………………………………………… 64
- 株主総会の決議を省略できる場合
- 株主総会議事録の書式は？
- 議事録への署名または記名捺印
- 株主総会後の登記の必要

| 役員変更登記申請の書式は？

Q.9　株主総会をきちんと行わなかったときは？ ……………………………… 69
| 株主総会の決議の効力が争われる場合とは？
| 決議取消の訴えとは？（だれができるの？　いつまでできるの？）
| 決議無効確認の訴えとは？（だれができるの？　いつまでできるの？）
| 決議不存在確認の訴えとは？（だれができるの？　いつまでできるの？）
| ルーチェ株式会社で予想される事態とは？
| 税務上注意すべき決議事項（役員報酬）

Q.10　株主からの議案の提案があったときは？ …………………………………… 75
| 株主提案権とは？
| だれができるの？
| どうやって提案することができるの？
| 必ず決議してもらえるの？
| 株主総会当日の提案は可能か？
| 当日の提案に対する対処は？
| 提案を無視したらどうなるの？

第3章　取締役会

Q.11　取締役会で決議しなければならないのは、どんな場合？ ……………… 84
| 取締役会決議が必要な場合とは？
| 会社法はどのような場合に取締役会決議が必要であるとしていますか？
| 「重要な財産」、「多額の借財」とは？
| 「内部統制システム」とは？
| 競業取引、利益相反取引とは？

Q.12　取締役会を開くには？ ……………………………………………………… 89
| 招集できるのは？
| 招集手続は？
| 議事はどのように進めるの？
| 決議はどうやってやるの？

決議に関して気をつけることは？

- **Q.13　取締役会を開いた後は？**······································94
　　　取締役会を開いた後に必要なことは？
　　　議事録ってどういうもの？
　　　議事録はどのようにつくるの？
　　　書面決議の場合の議事録はどうなるの？

- **Q.14　取締役会をきちんと開かなかった場合は？**··············99
　　　取締役会決議に基づかずに行った代表取締役の行為の効力は？
　　　無効になる場合、無効にならない場合とは？
　　　取締役会決議の手続に問題がある場合はどうなるの？

第4章　役員

- **Q.15　取締役って何をしなければならないの？　何をしてはいけないの？**…106
　　　取締役の義務とは？
　　　各義務の内容は？
　　　任務懈怠により会社に対する責任が生じる場合とは？
　　　取締役が任務懈怠により責任を負う相手は？
　　　任務懈怠による会社に対する責任の免除、軽減はできる？
　　　任務懈怠による第三者に対する責任とは？

- **Q.16　取締役の報酬はどうやって決めるの？**·················114
　　　取締役の報酬の決め方は？
　　　定めなければならない事項とは？
　　　「賞与」も同じ扱い？
　　　減額する場合に必要な手続は？

- **Q.17　退職慰労金はどうやって決めるの？**·····················120
　　　退職慰労金の決定方法は？
　　　どのような決議が必要か？
　　　株主は「一定の基準」を知ることができるの？

Q.18 ストック・オプションて？ ……………………………………………… 123
「ストック・オプション」とは？
ストック・オプションの発行手続
どのように書類を作成すればいいのか？
まとめ

Q.19 業績の悪い役員の解任 ……………………………………………… 128
取締役はいつでも解任することができるか？
解任のために必要な手続
解任されるＡ専務から主張されること
本質問での対処方法

Q.20 監査役って何をしなければならないの？ ………………………… 134
そもそも監査役とは何ですか？
業務監査とは何ですか？
会計監査
監査役は設置しなければならないのですか？
監査役の選任方法等
監査役の任務懈怠
本質問での対処方法

第5章　資金調達等

Q.21 新株の発行はどうやって行うの？ ………………………………… 144
だれに新株を発行するのかによって手続は違うのですか？
株主に対して平等に発行する場合の手続は？
株主に対して平等に発行する場合の募集事項等の決定はどのように行うの？
募集事項等決定後の手続は？
第三者に対して発行する場合の募集事項等の決定はどのように行うの？
新株発行後の手続は？

Q.22 株式発行を差し止められたり、株式発行が無効となる場合とは？ ……… 153
違法な株式発行に対する制度には、どのようなものがありますか？

差止請求の対象となるのはどのような場合ですか？
　　差止請求の手続はどのようなものですか？
　　差止めが認められると、どのような効果があるのですか？
　　無効の訴えの対象となるのはどのような場合ですか？
　　無効の訴えの手続はどのようなものですか？
　　無効であることが認められると、どのような効果があるのですか？

Q.23　株券は発行しなければならないの？ ……………………… 158
　　株券発行会社と株券不発行会社はどのように区別されるの？
　　株券不発行会社になるための手続は？
　　株券発行会社では必ず株券を発行しなければならないの？
　　株券発行会社の株式を譲渡するためにはどのような手続を踏むのですか？
　　株券不発行会社の株式を譲渡するためにはどのような手続を踏むのですか？

Q.24　株式を担保にした融資 …………………………………… 163
　　株式を担保にする方法にはどのような種類があるのですか？
　　株式の質入の手続について教えてください
　　質権設定の効果はどこまで及びますか？
　　弁済をしなかった場合には、どのようになりますか？
　　譲渡担保を設定する場合の手続とその効果について教えてください

Q.25　剰余金の配当 ……………………………………………… 168
　　剰余金の配当とは？
　　商法から会社法になって配当についてはどう変わったの？
　　配当をする場合の手続について教えてください
　　剰余金の配当に関する役員の責任について教えてください

第6章　株主への対応

Q.26　非公開会社における株式譲渡の方法 ……………………… 178
　　譲渡制限株式でも譲渡できるのですか？
　　譲渡承認請求の手続を教えてください
　　買取請求とはどのようなものですか？　また、その手続を教えてください

買取請求によって買取りが決まった場合、その価格はどのようにして決めるのですか？

Q.27　株主名簿って何ですか？ ……………………………………………… 188
　株主名簿は作成しなければならないのですか？どのような内容を書けばよいのですか？
　株主名簿にはどのような効力があるのですか？
　株主名簿の名義書換はどのような手続で行うのですか？

Q.28　株主に相続が発生したら ……………………………………………… 194
　相続人等に対する株式売渡請求制度とはどのようなものですか？
　相続人等に対する株式売渡請求制度を導入するには、どのような手続が必要ですか？
　実際に相続人等に対して株式の売渡しを請求する手続を教えてください

Q.29　株主代表訴訟とは？ ……………………………………………………… 200
　そもそも、この場合にX社長に法的な責任はあるのですか？
　株主代表訴訟とはどのような制度ですか？
　株主代表訴訟の手続を教えてください
　不当な代表訴訟の提起に対しては、どのような対抗手段がありますか？

第7章　M&A

Q.30　M&Aって何？ …………………………………………………………… 206
　M&Aにはどのような種類がありますか？
　株式譲渡とはどのようなものですか？　どのような効果がありますか？
　事業譲渡とはどのようなものですか？　どのような効果がありますか？
　合併とはどのようなものですか？　どのような効果がありますか？
　会社分割とはどのようなものですか？　どのような効果がありますか？
　株式交換・株式移転とはどのようなものですか？　どのような効果がありますか？

Q.31　事業譲渡の手続は？ …………………………………………………… 210
　事業を譲渡する場合の手続を教えてください

事業を譲り受ける場合の手続を教えてください
　　　事業譲渡の契約書とはどのようなものですか？
　　　事業譲渡について簡易な手続を取れる場合を教えてください

Q.32　合併とは？ ……………………………………………………… 215
　　　合併にはどのような種類がありますか？
　　　合併する場合の手続を教えてください
　　　合併契約書とはどのようなものですか？
　　　合併の場合には簡易な手続をとれないのですか？

Q.33　会社分割とは？ …………………………………………………… 224
　　　会社分割とは？
　　　分割会社と新設会社・承継会社の権利関係
　　　会社分割の手続
　　　簡易分割
　　　まとめ

Q.34　100％子会社のつくり方 ………………………………………… 230
　　　株式交換と株式移転
　　　株式交換の手続を教えてください
　　　株式移転の手続を教えてください
　　　株式交換契約・株式移転計画とはどのようなものですか？
　　　株式交換・株式移転の場合には簡易な手続をとれないのですか？

コラム

- 製造委託代金の支払期限と下請法～遅延損害金 14.6％の恐怖～　　40
- 労働契約のルール　　81
- 内部通報制度をご存知ですか？　　104
- 会社の業績が芳しくないので、従業員をリストラしたいのですが……　　141
- 情報管理　　176
- 取引会社が倒産しそうとの噂。どうしたらいいの？　　204
- 他社のヒット商品をまねしたり、有名な会社の名前に似た社名をつけてもいいので

凡　例

・会社法については条数のみで引用します。
・「会社法の施行に伴う関係法律の整備等に関する法律」（平成17年法律第87号）を「整備法」といいます。
・会社法、整備法以外の法令は、法令名を省略せずにそのまま引用します。
・「公開会社」とは、その発行する全部または一部の株式の内容として譲渡による当該株式の取得について株式会社の承認を要する旨の定款の定めを設けていない株式会社をいい（2条5号）、公開会社ではない株式会社（すべての株式、すべての種類の株式の譲渡が制限されている会社）を「非公開会社」といいます。
・本書に掲載している書式例、議案例等はあくまで一例を示したものにすぎませんので、実際にご使用になる場合には、取引条件等に応じて内容を修正する必要がある旨ご注意ください。

序章

「会社法」って何だろう？

▶序章においては、各章に先立ち新会社法についてと本書で設定している「ルーチェ株式会社」についてご説明いたします。

「会社法」を守らないといけないの？

　最近、報道でよく「コンプライアンス」という言葉を見たり、聞いたりすることが多くなってきました。

　「コンプライアンス」とは、「法令遵守」を意味しますが、なぜこの「コンプライアンス」が注目されるようになったのでしょうか？

　企業の不祥事が発覚すると、それが業績不振につながったり、ひいては会社をつぶすという事態も生じえます。食品における虚偽表示が判明したときに会社が危機的な状況になった事案など皆さんも記憶に新しいところでしょう。

　このように法令を遵守しないことにより、会社の命運を変えることがあることが認識されるようになり、この「コンプライアンス」が注目されるようになったのです。

　ところで、これまで会社の設立、組織、運営および管理については、「商法」という法律のなかに規定がありましたが、平成18年5月、「商法」から株式会社を含めたすべての会社に関する規定が削除され、「会社法」が新たに制定されました（なお、会社法の下では有限会社は廃止されました。それまでの有限会社は、有限会社の名称を使用できますが、会社法上は、特別の定めがある場合を除き、株式会社として扱われます）。

　上場会社などの大企業はともかく、中小企業の方々は、これまで会社法をあまり意識しないまま経営されてきたのではないでしょうか。日本弁護士連合会が平成19年に我が国の中小企業を対象にして実施した「企業における弁護士の活用に関するアンケート」によれば、回答企業3214社のうち、「総会・取締役会運営」を法的課題として認識していると回答した企業は、全体の8％であり、「コンプライアンス体制構築」については、全体の7.8％という結果が出ています。

　しかしながら、会社法も法律の一つであると同時に、会社および会社をめぐる利害関係人との関係の調整を図るものであり、会社法を遵守することに

より、安定した会社経営を図ることができるでしょう。

そこで、中小企業の皆さんにも、本書を参考にして「会社法」に基づく会社経営を行い、コンプライアンスを実現していただけるように、本書では下記のように架空の「ルーチェ株式会社」という会社を設定し、同社の役員らが抱える具体的な法律問題について書式、文例を交えてわかりやすく解説いたします。

「ルーチェ株式会社」とは？

ルーチェ株式会社は、1978年に菓子製造の会社として設立されました。設立時の資本金は500万円で、社長のＸさん（当時35歳）と彼に協力してくれた菓子職人のＡさん（当時32歳）、営業面でＸさんをサポートしたＢさん（当時28歳）、経理面を担当したＡさんの妻Ｃさん（当時33歳）の5名でスタートしました。

その後、辛い時期もありましたが、定番のおみやげ用のお菓子の製造をメインにしたところ、順調に成長し、数度の増資を経て、現在の資本金は3000万円となりました。また、会社の所在地は創業時と変わらないものの、敷地面積を買い広げ、今では会社が所有する土地に本社社屋と工場があり、従業員も正社員15名、パート20名の規模で、月商2500万円、年商3億円の会社となりました。

創業からちょうど今年が30年目、社長のＸさんも65歳となりそろそろ現役から退き、すでに副社長となっているＸさんの長男のＹさん（30歳）に跡を継がせようかと考えており、会社も社長の引退を想定して経営を見直す必要が出てきました。そんな折りもおり、会社法が制定され、新しい局面が次々と出てくるようになりました。

ルーチェ株式会社の詳細な内容は次のとおりです。

1．会社の事業内容

業　　種	製造業
売　　上	月商2500万円（年商3億円）
社員数	35人（正社員：15名　パート：20名）
業　　歴	30年
所在地等	東京都〇〇区〇〇〇〇（本社事務所と製造工場）
資本金	3000万円（発行済株式総数　60万株）

2．会社の現在の機関内容

　新会社法施行時に何もしなかったので、「取締役会・監査役設置会社」となっています。
　総務部はありますが、法務部はなく、顧問税理士はいますが、顧問弁護士はいません。

3．役員構成

社　　長	X（65歳）―ルーチェ株式会社の創業者、代表権はXのみ、典型的ワンマン社長。
副社長	Xの長男Y（30歳）―Xとしては、将来社長を継がせたいと思っている。
専　　務	古参の取締役A（62歳）―創業以来、Xと協力して会社を大きくしたが、長男が後を継ぐことになり反抗的。
常　　務	古参の取締役B（58歳）―創業以来、Xと協力して会社を大きくしたが、長男が後を継ぐことに協力的。
監査役	Aの妻C（63歳）―名目的な監査役。

4. 株主構成

X	75%
Y	10%
Xの妻	5%
A	5%
B	5%

5. 株式

　ルーチェ株式会社は株券発行会社ですが、株券を発行したことはありません。株式の譲渡による取得をするためには、取締役会の承認が必要であるとの定款の定めがあり、その旨が登記されています。

◆　ルーチェ株式会社　役員　◆

X社長　　Y副社長
A専務　　B常務　　C監査役

第1章 定款自治の拡充

▶新会社法の目玉の一つとして、「定款自治の拡充」があげられます。この「定款自治の拡充」により、それぞれの会社がその実情に合わせて会社法に対応できるようになりました。

▶そこで、この第1章では、この「定款自治の拡充」について説明いたします。

Q.1 定款って何？

■X社長からの質問

　設立の際に定款を作成して以降定款を必要とする場面に遭遇したことがありませんが、定款は何のためにあるのでしょうか。

　また、株式を発行して長男の所有する株式数を増やそうと考えていますが定款に「発行する株式の総数」との記載があったように記憶していますが、この総数を超える株式を発行することはできますか？

定款とは何ですか？

　定款とは、会社の組織・運営などに関する会社の基本ルールを定めたものであって、いわば会社の「憲法」のようなものといえます。ですから、定款では、会社の名称である「商号」や会社意思決定の際の決議方法や運営内容、取締役会の有無、取締役の任期などの組織体制に関する事項など会社の基本的事項を定めることとされています。

　従前の商法では定款事項が厳密に定められている上、その内容も日本の株式会社の大半を占める中小企業の実態に合わないものであったため、定款が単なる飾りになっている点は否めませんでした。

　しかし、今般の会社法では自由に定款を規定できる範囲が広がったため、現在は定款は会社の経営戦略を立てる上での重要な道具であるといえます。この点について詳しくは第1章Q2を参照してください。

定款に違反した行為はどうなるの？

　前述のとおり定款は会社にとっての憲法ですから、オーナー社長であろう

とも定款に反して自由なことができるわけではありません。

　定款に違反した行為の効力としては、総じて否定される方向にあります。ただし、すべてが直ちに無効ということではなく、その効力は定款記載事項ごとに異なるため、各々検討する必要がありますので注意しましょう（各々の効力については、各章参照）。

　たとえば、定款で株式の譲渡制限の定めのある場合に、当該会社の株式を取締役会の承認を経ないまま譲渡した場合には、会社に対して株式譲渡を主張できないとされていますが、譲渡当事者間では有効と解されています。

　また、定款に定められた株主総会招集期間を経ないまま株主総会を開催した場合には、直ちに株主総会決議が無効となるわけではなく、取消訴訟をまって株主総会を取り消されることになります（831条1項1号）。

　本質問にある定款記載の「当会社の発行する株式の総数」を超える株式を新たに発行した場合については、後ほど詳述します。

　なお、取締役等が定款違反行為を行った結果会社に損害を生じさせた場合には、当該取締役等は会社に対して損害賠償責任を負う場合もあります（423条1項）。

定款の記載事項は？

　定款記載事項には様々なものがありますが、大きく3つに分類することができます。次ページの表に主要な定款記載事項をあげておきます。

　次ページの表のうち、相対的記載事項は今回の会社法施行により多くの事項が追加されました。その内容については第1章Q2を参照してください。

　なお、定款に記載しても①強行規定（105条2項、295条3項、331条2項、402条5項）に反する、または②定款の性質にそぐわないことから、会社法上の効力が生じない事項もありますので（「無益的記載事項」と呼ばれています）、注意してください。

分類	記載事項
絶対的記載事項 　定款に必ず記載しなければならない事項。絶対的記載事項が記載されていない定款は無効となる。	① 目的 ② 商号 ③ 本店所在地 ④ 設立に際して出資される財産の価額またはその最低額 ⑤ 発起人の氏名・住所 ⑥ 発行可能株式総数
相対的記載事項 　定款に記載すれば効力が生じる事項。	① 譲渡制限株式の内容の定め ② 譲渡制限株式の譲渡承認機関を株主総会（取締役会）以外にする場合の機関 ③ 株券の発行 ④ 株主総会の定足数・決議要件、通知の発出期間 ⑤ 機関設計 ⑥ 役員の任期 ⑦ 取締役会の決議の省略 ⑧ 公告の方法　等
任意的記載事項 　上記二つ以外の事項。定款に記載する必要はないが、いったん定款に記載すれば内容を変更する場合定款変更手続が必要となる点に注意。	① 定時株主総会の召集時期 ② 役員の定員 ③ 事業年度　等

「当会社の発行する株式の総数」って？

　従前の商法には、定款の絶対的記載事項の一つに「発行する株式の総数」（旧商法166条1項3号）がありましたが、会社法の施行により、「発行する株式の総数」に代わり「発行可能株式総数」が絶対的記載事項の一つとして規定されました。これに伴い、整備法によって「発行する株式の総数」の規定は「発行可能株式総数」の規定に読み替えられることになりました。そこで、以下「発行可能株式総数」として説明します。

定款の絶対的記載事項である発行可能株式総数とは、株式会社が発行することができる株式の総数のことです（37条1項）。

　会社は、すでに発行済の株式総数とこれから発行する株式総数が発行可能株式総数を超えることはできません。発行可能株式総数を超えて株式を発行したい場合、発行可能株式総数の定款変更手続をとる必要があります。このように、会社の株式発行についてはつねに以下の式が成り立っている必要があるのです。

発行済株式総数＋発行予定株式総数≦発行可能株式総数

　このため、定款所定の発行可能株式総数を超える新株を発行する場合、発行前は株主による差止請求（210条1号）の対象となりえ、発行後は新株発行無効の訴え（828条1項2号）における無効事由に該当するとされており、効力が否定される可能性があります。

　本質問の場合も、ルーチェ株式会社において発行可能株式総数を超える新株を発行する場合には、発行前は株主による差止請求の対象となりえ、発行後は新株発行無効の訴えにおける無効事由に該当し、効力を否定される可能性がありますので、定款変更を行ってから新株を発行する必要があるのです。

定款を変更する方法は？

　定款は会社の基本ルールですが、作成した後も会社の規模や業務内容が変化するに応じてその内容を変更することができます。

　ただし、定款が大事な根本ルールであることには変わりませんので、簡単に変更することはできず、原則として[1]株主総会の特別決議（第2章Q5）が必要になります（466条、309条2項11号）。

　定款変更決議を行った場合の株主総会議事録の一例は**書式1**のようになり

---

1) 例外的に、特別決議より厳重な要件が必要とされる場合や株主全員の同意を必要とする場合があります。

ます。

　なお、発行可能株式総数等の登記事項である定款記載事項を変更した場合には、本店所在地を管轄する登記所に定款変更の効力発生日から2週間以内に登記申請する必要があります。また、発行可能株式総数の定款変更に関しては、公開会社の場合、発行済株式総数の4倍を超えて増加させることはできないこととされています（113条3項）。

　本質問については、ルーチェ株式会社は非公開会社ですから発行可能株式総数の増加数に制限はなく、株主総会の特別決議によって発行可能株式総数を変更した上で、新株を発行することになります。

書式1■定款変更に関する株主総会議事録例（抜粋）

　議長は、当社の定款を下記のとおり一部変更したい旨を説明し、その賛否を議場に諮ったところ、満場一致をもって下記のとおり承認可決した。

記

現行定款	変更後定款
（発行可能株式総数） 第○条　当会社の発行可能株式総数は〇〇株とする。	（発行可能株式総数） 第○条　当会社の発行可能株式総数は〇〇株とする。

Q.2

新会社法による定款への影響
(定款自治とは？ みなし規定って？)

■ Y副社長からの質問

　父親から次期社長の座をそろそろ譲ると言われたため、これを機に当社を抜本的に改革しようと考えています。ところで最近新聞で、会社法施行により、定款によって取締役会を設置しない会社をつくることができるなど、「定款自治」がキーワードであるとの記事を目にしましたが、「定款自治」とは具体的にどのようなことなのでしょうか。定款自治によってどのようなことが可能になったのでしょうか。

　また、同じ新聞の記事に、会社法施行によって定款にみなし規定ができたとも書いてあったのですが、当社の定款は会社法施行によって何か変わったのでしょうか。

定款自治って何？

　今般の会社法制定の目玉の一つが「定款自治」の拡大であるといわれています。この「定款自治」とは、「会社が自ら定めた定款に従って会社運営を図ること」をいいます。定款に従って会社を運営していく点は従前の商法下での株式会社でも同様であったのですが、会社法において、相対的記載事項(第1章Q1参照)が増加したことにより、その自治の範囲が拡大されることとなったために、「定款自治」ということがいわれているのです。

なぜ「定款自治」になったの？

　従前の商法の時代には、定款の内容を法律において詳細に定めていたため、各社が任意に規定できる余地はほとんどありませんでした。また、従前の商

法が想定していた株式会社の形態が大企業であったため、定款の内容も大企業を想定した組織形態・会社運営を規定したものとなっており、中小企業にとって定款は会社設立時に体裁を整えるだけの書類に成り下がっていました。

また、大企業を想定した定款をむりやり中小企業にもあてはめ会社組織をつくることになりますので、名目的な取締役・監査役といった形式だけの機関の設置が常態化していました。

そこで、今回の会社法では、各企業の経営規模や実態に合わせて自由に定款を定めることができる範囲を拡張させ、各社の判断と責任の下に実効性のある会社組織・運営を行えるように規定されたのです。

以下、具体的に説明します。

定款の相対的記載事項

1 種類

今回の会社法により、相対的記載事項が拡大しましたが、新たに規定された内容のうち主要なものを以下にあげておきます。

①機関設計

後述のとおり。

②役員の任期の伸長

取締役の任期は原則として2年ですが、非公開会社は、定款で定めることにより、最長10年まで伸長することができます(332条)。また、監査役の任期についても、原則4年ですが、非公開会社については、定款で定めるところにより同様に10年まで伸長することができます(336条)。

③監査役の権限

非公開会社であって、監査役会も会計監査人も設置していない会社は、その監査役の監査の範囲を会計に関するものに限定する旨を定款で定めることができます(389条1項)。

④取締役会の書面決議

第3章Q12参照。

⑤株式譲渡制限

譲渡承認の決定機関を株主総会（取締役会）以外の機関とすることができます（139条）。

2 注意点

取締役・監査役の任期については、ルーチェ株式会社は非公開会社ですので、取締役・監査役の任期を2年からさらに伸長することが可能です。2年ごとに重任登記する費用の節約や、重任のための株主総会手続を不要とするため取締役・監査役の任期をそれぞれ最長の10年と定款変更することも一つの方法です。

ただし、後に取締役内部で意見が対立し、あるいは監査役との不和が生じた場合、任期の関係で直ちに当該取締役や監査役を交代させることが困難となってしまうといった問題もありますのでその点には注意が必要となります。

自由な機関設計

1 種類

このような定款自治が採用された結果、株式会社はそれぞれの実態に合わせて以下のような自由な機関設計が可能となりました。非大会社を前提とすると、非公開会社は以下の①〜⑪の設計が可能です。なお公開会社は下記⑦〜⑪のみ採用可能となっています。

① 取締役会＋監査役（会計監査権限のみ）
② 取締役会＋会計参与
③ 取締役＋監査役
④ 取締役＋監査役（会計監査権限のみ）
⑤ 取締役のみ
⑥ 取締役＋監査役＋会計監査人
⑦ 取締役会＋監査役
⑧ 取締役会＋監査役会
⑨ 取締役会＋監査役＋会計監査人
⑩ 委員会設置会社（取締役会＋三委員会＋会計監査人）

⑪ 監査役会設置会社（取締役会＋監査役会＋会計監査人）

なお、いずれの場合も株主総会は必須機関となります。

このうち、②を除き、いずれの場合も任意に会計参与をさらに設置することが可能です。会計参与の役割については第1章Q3を参照してください。また、会計監査権限のみの監査役については第4章Q20を参照してください。

2 変更方法

株主総会と取締役以外の機関設計については、定款の相対的記載事項ですので、機関設計を変更するには定款変更の手続（第1章Q1参照）が必要となります。

たとえば、ルーチェ株式会社において、監査役を置いたまま取締役会を廃止して取締役を1人にする場合、株主総会の特別決議（第2章Q5参照）により、取締役会を廃止する旨および取締役会を前提とする規定（株式譲渡制限の承認機関等）を変更する旨の定款変更を行ったうえ、株主総会議事録、取締役の辞任届を添付し変更登記を申請する必要があります。取締役会廃止・取締役1人会社にする場合の株主総会議事録および辞任届の例は**書式1・2**のとおりです。

書式1■取締役会を廃止する定款変更の株主総会議事録例（抜粋）

第1号議案　定款一部変更の件
　議長は、取締役会を置く旨の定款規定を廃止し、当社の定款を下記のとおり一部変更したい旨を説明し、その賛否を議場に諮ったところ、満場一致をもって下記のとおり承認可決した。

記

現行定款	変更後定款
（機関の設置） 第○条　当社は、株主総会および取締役のほか、次の機関を置く。 1. 取締役会 2. 監査役	（機関の設置） 第○条　当社は、株主総会および取締役のほか、次の機関を置く。 1. 監査役

第2号議案　定款一部変更の件
　議長は、前記取締役会を置く旨の定款規定廃止の決議に伴い、当社の定款の株式の譲渡制限に関する規定を下記のとおり変更する必要がある旨を説明し、その賛否を議場に諮ったところ、満場一致をもって下記のとおり承認可決した。
記

現行定款	変更後定款
（株式の譲渡制限） 第〇条　当会社の株式を譲渡により取得するには、<u>取締役会</u>の承認を受けなければならない。	（株式の譲渡制限） 第〇条　当会社の株式を譲渡により取得するには、<u>株主総会</u>の承認を受けなければならない。

書式2■辞任届例

辞　任　届

　私は、平成〇〇年〇月〇日開催の株主総会において、取締役会を設置する旨の定めを廃止する貴社の定款変更が効力を生じることを条件に、貴社の取締役を辞任いたしたくお届けいたします。

平成〇〇年〇月〇日

住所　〇県〇市〇町
氏名　　　A　　　　　印　※認印で可能

ルーチェ株式会社　御中

3　注意点

　ルーチェ株式会社は非公開会社ですので、Y副社長は前記①から⑪までのすべての機関設計が可能です。しかし、たとえば取締役会の開催が面倒であるとの理由で安易に取締役会を廃止し取締役をYだけの1人会社にすると、

　Yが急に倒れて職務執行が困難となった場合、業務執行を代替する者がおらず会社経営が困難になるなどの弊害があります。
　このように、面倒だからとの理由で安易に機関設計するのではなく、専門家の意見を参考に、実態に適合しつつも不測の事態に対応できる機関設計を検討すべきでしょう。

みなし規定って？

　会社法の施行によって、商法第2編等のこれまでの会社関係の法律は廃止または整理されますので、会社法施行前から存在する株式会社等はその法的根拠を失うことになりましたが、それでは不都合が生じますので、整備法によって、それまでの会社は会社法の規定による株式会社として存続する旨が定められています（整備法66条）。
　定款についても、整備法において、定款変更手続をとることなく会社法に適合した定款規定があるものとみなされる「みなし規定」が定められています。株式会社の定款に関するみなし規定の主なものは以下のとおりです（以下については、「…」以下の部分の記載の定めがあるものとみなされる、という意味）。

①目的、商号、発行可能株式総数、本店所在地、公告方法……会社法下でのそれらの定め
②小会社[1]……監査役の監査の範囲を会計に関するものに限定する旨の定め。
③委員会等設置会社以外の株式会社……取締役会および監査役を置く旨の定め。
④株式の譲渡制限に関する定款の定めがある場合……その発行する全部の株式の内容として譲渡による株式の取得について株式会社の承認を要する旨の定めおよび募集株式の発行において募集事項等を取締役会会議によって定めることができる旨の定め。
⑤株券の発行をしない旨の定めがない場合……株券を発行する旨の定め。

・監査役の監査の範囲

監査役の監査の範囲は、業務監査と会計監査に関するものがありますが(第4章Q20参照)、みなし規定の適用がある場合(上記②)あるいは監査役の監査の範囲を会計に関するものに限定する定款を定めた場合(389条1項)、会計監査に限定することができます。

監査役の監査の範囲を会計監査に限定した場合の定款記載の一例は以下のとおりです。

書式3■監査役の監査の範囲に関する定款例(抜粋)

> (監査役の監査の範囲)
> 第○条　当会社の監査役の監査の範囲は、会計に関するものに限定する。

---

[1] 小会社とは、資本の額が1億円以下の株式会社または最終の貸借対照表の負債の部に計上した金額の合計額が200億円以上ではない株式会社。

Q.3 会計参与って？

■Y副社長からの質問

　いままで当社の監査役は昔から会社を支えてくれたA専務の奥さんCに頼んでいましたが、最近、C監査役が消費者金融から多額の借金を抱えているとの噂を聞きました。C監査役が不正な会計処理をして会社のお金を持ち出さないか心配なのですが、単なる噂なのでC監査役をやめさせるわけにもいきません。当社の顧問税理士に相談したところ、会計参与を新しく設置して監査役を廃止しC監査役もそのままやめてもらったらどうかとのアドバイスを受けました。早速X社長に助言しようと思いますが、私自身会計参与とは何なのかよくわかりません。会計参与とはどのような役割の機関なのでしょうか。

　また、銀行から新たに融資を受けて菓子製造の設備投資を検討しているのですが、会計参与を設置することで融資に影響はありますか？

会計参与って何？

　会計参与とは、取締役と共同して計算書類[1]や付属明細書、臨時計算書類等を作成する会社機関です（374条1項）。

　経営者による粉飾決算等の企業不祥事多発の反省から、会社の計算書類の正確性・透明性が重視されるようになりました。また、このような計算書類の正確性は、大企業だけでなく会計監査人設置義務のない中小企業において

---

[1]「計算書類」とは、貸借対照表、損益計算書、株主資本等変動計算書および個別注記表をさします（435条2項、会社計算規則91条1項）。

も求められつつありました。すなわち、これまで中小企業の計算書類作成は監査役が担当していましたが、ルーチェ株式会社の場合のように名目的な監査役であることが多く、これらの会社の計算書類の適正確保が問題となっていました。

　そこで、会社法では、会計の専門知識を有する公認会計士や税理士等の有資格者を、取締役と共同して計算書類作成に関与させ、また、計算書類を保存・開示する職務を担わせることによって、取締役等による計算書類の虚偽記載や改ざんを抑止し、計算書類の正確性を確保するために会計参与制度が導入されました。

会計参与の仕事内容は？

会計参与の主な職務は、会社法上、以下のとおり規定されています。
① 取締役等と共同して計算書類等を作成すること（374条1項、6項）
② 計算書類を承認する取締役会に出席し、必要に応じて意見を述べること（376条1項）
③ 会計参与報告を作成すること（374条1項）
④ 計算書類等および会計参与報告を所定の期間（各基準日より5年間）保存し、株主および債権者から閲覧・謄本交付請求があった場合にはこれに応じること（378条1項、2項）
⑤ 株主総会において計算書類に関する説明義務があること（314条）

　また、上記業務の実効性を諮るため、会計参与には、当該会社の会計帳簿・資料を閲覧・謄写し、当該会社に対して会計の報告を求め、業務および財産状況を調査する権利が認められています（374条2項、3項）。

会計参与はだれでもなれるの？　任期は？

1 就任要件

　会計参与は、公認会計士もしくは監査法人または税理士もしくは税理士法人でなければ就任することはできません（333条1項）。これは、会計・税務の専門知識を有する有資格者を計算書類の作成に関与させることによって計

算書類の正確性を高める趣旨に基づくものです。なお、員数について制限はありません。

　したがって、ルーチェ株式会社が会計参与を設置する場合、有資格者ではないＣ監査役を会計参与に就任させることはできませんので、別途有資格者を探し会計参与を設置し監査役を廃止するということが考えられます。もっとも、会計参与と監査役の並存は可能ですので、会計参与を設置した上で、Ｃ監査役をやめさせたい場合には別途株主総会においてＣ監査役の解任手続をとる必要があります。

　なお、会計参与は会計参与が設置されている会社またはその子会社の取締役、監査役、執行役、支配人その他の使用人または会計監査人と兼任することが禁じられています（333条3項1号、337条3項1号）。また、会計参与は親会社の監査役、会計監査役を兼任することも禁じられています（335条2項、337条3項2号）。

2　任期

　会計参与の任期については取締役の任期に関する規定が準用されています（334条1項、332条）ので、その任期は原則として選任後2年以内に終了する事業年度のうち最終のものに関する定時株主総会の終結のときまでとなります。また、ルーチェ株式会社のように非公開会社の場合、定款の定めによって10年まで伸長することが可能です（334条1項、332条2項）。

会計参与の責任は？

1　会社に対する責任

　会計参与は、役員ですので（329条1項）、会社との関係は委任に関する規定に従うこととなり（330条）、職務を執行するにつき善管注意義務を負います。そして、計算書類の作成等その任務を怠った場合、これによって会社に生じた損害を賠償する責任があります（423条1項）。ただし、以下の責任減免措置を採ることができます。

	要件・免除の程度
故意または重大な過失による場合	総株主の同意によって責任免除可能（424条）
軽過失による場合（すなわち、悪意でかつ重大な過失がない場合）	① 株主総会決議（425条） ② 定款規定に基づく取締役会の決議（426条） ③ 定款規定に基づく責任限定契約（427条） 上記①〜③のいずれかによって、報酬等の2年分を超える損害額について損害賠償責任を減免することが可能

また、会計参与の会社責任については株主代表訴訟の対象になります（847条）。

2 第三者に対する責任

会計参与がその職務を行う際に故意または重大な過失があった場合、これによって第三者に生じた損害を賠償する責任を負います（429条1項）。

また、会計参与が計算書類等に記載すべき重要な事項につき虚偽の記載があれば、立証責任が転換され、会計参与の側でその行為をすることについて注意を怠らなかったことを証明しない限り、第三者に対し損害を賠償する責任を負います（429条2項2号）。

会計参与設置のメリット

上記のような目的により今般新設された会計参与は、財務や会計の専門家が計算書類の作成に携わるため、計算書類の正確性を確保することができ、金融機関の与信に関する信頼を得ることによって円滑な融資を期待することができるといえます。

また、自社の正確な経営状況を把握することで適切な経営判断を下すことが可能となる、取締役等が計算書類の作成や株主に対する説明の労力が軽減されるため経営に専念できるなど、会計参与の設置により計算関係書類の適正を高めることは経営にもプラスの影響があるといえるでしょう。

会計参与を設置するための手続は？

1 定款変更と選任

　会計参与はすべての株式会社に設置することのできる機関です。会計参与を設置するには、会計参与を置く旨を定款に定める定款変更を行い（466条、309条2項11号）、会計参与を株主総会決議で選任することになります（329条1項、341条）。定款変更の方法については第1章Q1を参照してください。

　会計参与を設置する定款変更決議を行った場合の株主総会議事録の一例は以下のようになります。

書式1 ■会計参与を設置する定款変更の株主総会議事録例（抜粋）

第1号議案　定款一部変更の件
　議長は、当社の定款を下記のとおり一部変更したい旨を説明し、その賛否を議場に諮ったところ、満場一致をもって下記のとおり承認可決した。

　　　　　　　　　　　記

現行定款	変更後定款
（新設）	（会計参与の設置） 第○条　当会社は、会計参与を置く。
（新設）	（会計参与の選任の方法） 第○条　当会社の会計参与は、株主総会において議決権を行使することのできる株主の議決権の総数の3分の1を有する株主が出席し、出席した当該株主の議決権の過半数の決議によって選任する。
（新設）	（会計参与の解任の方法） 第○条　当会社の会計参与の解任は、株主総会において議決権を行使することのできる株主の議決権の総数の過半数を有する株主が出席し、出席した当該株主の議決権の3分の2以上の決議をもって行う。
（新設）	（会計参与の任期） 第○条　会計参与の任期は、選任後5年以内に終了

（新設）	する事業年度のうち最終のものに関する定時株主総会の終結のときまでとする。 2　任期満了前に退任した会計参与の補欠として選任された会計参与又は増員により選任された会計参与の任期は、退任した会計参与又は他の在任会計参与の任期の満了する時までとする。 （報酬等） 第〇条　会計参与の報酬等については、株主総会の決議をもって定める。

第2号議案　会計参与選任の件
　議長は、第1号議案の定款一部変更により、当社は、会計参与設置会社となったので、あらたに会計参与を選任する必要がある旨を述べ、下記の者をその候補者として指名した。その選任の可否について議場に諮ったところ、満場一致をもって下記のとおり可決承認された。

会計参与　〇〇税理士　〇〇〇〇

　なお、書類等設置場所を、東京都〇〇区とすることについても併せて承認された。

2　登記申請手続

　会計参与を設置・就任した場合、変更登記を行う必要があります。この場合、本店所在地を管轄する登記所に定款変更の効力発生日から2週間以内に登記申請する必要があります。
　登記申請の際、付属書類として設置、就任にかかる株主総会議事録、就任者の就任承諾書、会計参与の資格証明書が必要になります。

製造委託代金の支払期限と下請法
～遅延損害金14.6％の恐怖～

　企業の中でもとりわけ製造業は、自ら製品を製造するとともに製品販売に必要な付属品を外注していることが一般的でしょう。本文で設定されているルーチェ株式会社（菓子製造業）であれば、菓子を入れる専用容器や会社名・商品名の印刷された包装用紙を他社に製造依頼していると考えられます。この際、商品受領日から代金支払日の間が60日以上空いていないか注意する必要があります。

　すなわち、下請代金支払遅延等防止法（以下「下請法」といいます）は、下請取引の公正化と下請事業者の利益保護を目的として制定された法律ですが、この下請法上、一定の事業者が製造委託した場合、商品を受領した日から60日以内の期間において、かつ、できる限り短い期間内に製造委託代金を支払うことを義務付けています（下請法2条の2）。そして、支払期日に代金を支払わないと、その間の遅延利息として年率14.6％を支払う義務を負います（下請法4条1項2号、4条の2）。たとえば、資本金1000万円超3億円以下の会社（親事業者）が資本金1000万円以下の会社あるいは個人（下請事業者）に対し、商品に付着させる専用ラベルや商品に添付する取扱説明書、専用包装容器など、デザインや規格・形状を指定して製造を依頼した場合がこれにあたります。また、下請業者保護という下請法の性質から、当事者間で60日を超える支払期日を合意しても意味をもちません。

　したがって、取引企業間で支払期日について商品受領月末締めの翌々月払うとの合意に基づき、4月1日に受領した商品について6月末日に代金100万円を支払うと、商品受領から90日に支払うことになり30日分の遅延が発生していますので、約1万2000円の遅延利息を支払う義務が発生し、この取引を2年間継続した場合、約30万円近い遅延利息を支払う必要があります。これが毎月1000万円の取引になると10倍の遅延利息を支払う必要がありますので、毎月約12万円、2年間で約300万円もの遅延利息を支払う必要があるのです。

　下請法の適用がある企業は意外と多いため、取引内容に問題がないか確認することをお勧めします。

（若林　佐和野）

第2章 株主総会

▶ 株主がすべて親族、知人で構成されている中小企業においては、きちんと株主総会を開いていないということが多いのではないでしょうか。ルーチェ株式会社もご多分に漏れず、きちんと株主総会を開いたことはありません。

▶ しかし、株主というのは、本来は、株式会社において、単なる出資者というにとどまらず、事業を執行する取締役を監督することを期待されており、この監督機能を十分生かすためには、株主総会がきちんと開かれていることが必要です。取締役、特に強力な権限をもつ代表取締役に対する監督が十分できていないと、健全な会社経営ができないおそれがあり、最近マスコミで報道されるような不祥事の温床となりかねません。

▶ そこで、この第2章では、株主総会の監督機能を十分働かせることができるように、株主総会の招集手続、株主総会開催のスケジュール、株主総会運営の注意点等について解説いたします。

Q.4 株主総会とは？

■X社長からの質問

　そろそろ代表権を息子Yに譲ろうと考え、A専務やB常務にその旨を話したところ、A専務は息子を社長にすることに反対らしく、「Yは社長が勝手に取締役に選任しただけで株主総会によって取締役に選任されていないので、後から引っくり返してやる」などと陰で言っているようです。私は当社の大株主ですので、私の意見が当社の株主の意見だといえるはずですが、Yを取締役とするのにわざわざ株主総会を開かなければいけないのでしょうか。

株主総会を開く意味は？

　株式会社は、もともと、会社を設立したいが資金がない者と、会社を設立して業務を行う気はないが資産を増やしたい者のそれぞれのニーズが合致することを想定して作られた会社形態です。また、株主は本来は会社の所有者ですので、その経営権までもっているはずなのですが、自ら経営にあたることを欲しない者が多いことおよび多数にわたる株主で経営に関する意思決定を行うのは迅速性・合理性に欠けることから、株式会社においては、経営を取締役等に委ねることが認められています。このように株式会社では、会社の所有（投資者）と経営（業務執行者）が分離することが可能となっています。

　ただし、あくまで株主は会社の所有者である以上、会社の基本事項については株主に決定させるべく、株主総会はすべての株式会社が設定するべき機関として定められています（326条参照）。

株主総会では何でも決められるの？

　株主総会は、会社の所有者である株主により構成される機関ですから、すべての事項を決定しうるはずです。このため、会社法により新たに設置が可能となった取締役会非設置会社の株主総会においては、会社法に規定する事項のほか、株式会社の組織、運営、管理その他の株式会社に関する一切の事項を決議することができます（295条1項）。

　これに対し取締役会を設置する会社の場合には、上述のとおり、所有と経営の分離が認められ、経営に関する迅速かつ適切な意思決定を行う権限を取締役会に与えることが可能とされていることから、株主総会においては会社法に規定されている事項と定款で定めた事項に限って決議することができるものとされています（295条2項）。株主総会決議事項の主要なものとしては、定款変更、事業の譲渡・合併等会社の基本変更事項、取締役・監査役の選任・解任事項、計算書類の承認、取締役・監査役の報酬決定等です。

　なお、具体的な株主総会決議事項については第2章Q5を参照してください。

　本質問については、取締役の選任は株主総会で決議しなければならない事項とされていますから、Yを取締役にするには株主総会決議が必要です。

Xは大株主なのに株主総会で決めないといけないの？

　上述のとおり、株主総会を開催することは旧商法においても会社法においても定められているのですが、オーナー社長の会社の場合、株主と代表取締役の地位が一致しているため、多くの場合株主総会を開催することなく代表取締役が取締役の選任といった会社の基本事項を決めていることが多いのが実態であると思われます。

　たしかに、ルーチェ株式会社の場合でもX社長は発行済株式の75%を有する大株主ですので、株主総会決議を開催したところで結局Xの意見イコール決議意見となることが予想されます。そうであれば、煩雑な手続を踏んで株主総会をわざわざ開くことは面倒にも感じられるでしょう。

しかし、そもそも法律で定められている以上はこれを守って株主総会決議を経るということがコンプライアンス（法令遵守）の観点からは重要であるうえに、本来株主総会で決議すべき事項について株主総会決議を経なかった場合、株主総会決議が不存在だったとして訴訟を提起され、その効力が否定されてしまう可能性があります（830条1項）。また、この株主総会決議不存在訴訟を提起された場合には、会社は訴訟にかかる手間や費用も負担することになります。このように、法律に記載されているからという形式的な理由のみならず、株主総会決議を経ないことは会社にとってマイナス面が大きいという実質的な理由からも、株主総会決議を経るべきといえるのです。

　以上より、本質問については、Yを取締役に就任させるためには、株主総会決議が必要となります。かりに、この場合に株主総会決議を経ていないと、その後X社長らとA専務との内紛が表面化した場合には、Aから「Yの取締役選任に関する株主総会決議不存在の訴訟」を提起されることが考えられ、その場合にはYが取締役でなくなる可能性があります。

　なお、株主総会が正規に開催されなかった場合の具体的問題点については、第2章Q9を参照してください。

Q.5

どういう場合に株主総会を開くのですか？

■X社長からの質問
　当社では、私が各役員の業績に応じて取締役や監査役の報酬を決めていたのですが、Yに対する報酬が多すぎるとして、A専務から不満が漏れています。いまの状態が続けば報酬決定手続がおかしいとして税務署に告げざるをえないなどと言っているのですが、私が報酬を決めるのは違法なのでしょうか。ほかにも私ではなく株主総会で決めなければいけないことはあるのですか。

どのような場合に株主総会を開かなければいけないの？

　株主総会が決議をすることができる事項として、会社法295条1項は、取締役会非設置会社における株主総会は、強行規定や株主総会の本質に反しないかぎり「株式会社に関する一切の事項」について決議をすることができるものと定め、同条2項は、取締役会設置会社における株主総会は、この法律に規定する事項および定款で定めた事項にかぎり決議をすることができると定めています。

　条文上「決議をすることができる」とありますが、取締役会設置会社でも非設置会社でも、法定の株主総会決議事項および定款で定めた事項については、株主総会を「開かなければいけない」場合といえます。

　法定の株主総会決議事項は、大要、以下のとおりです（下記の事項でも、例外的に所定の要件を満たすことで株主総会決議が不要となる場合があります）。

> ① 会社の組織・財務の基礎的な変更に関する事項（定款変更、合併、会社分割、株式交換・株式移転、事業譲渡、資本減少等）
> ② 役員等の選任・解任に関する事項
> ③ 計算に関する事項（計算書類の承認等）
> ④ 株主の重要な利益に関する事項（剰余金の処分・損失の処理、自己株式の取得、募集株式の発行等）
> ⑤ 取締役等の専横・権限濫用を防ぐための事項（取締役等の報酬等の決定、事後設立等）

　ルーチェ株式会社でも、これらの事項は株主総会で決議する必要があり、設問のYに対する報酬も株主総会で決める必要があったといえるでしょう。ただし、実務上、株主総会決議により取締役の報酬の総額の最高限度額を決定しておけば、各取締役に対する配分額の決定は、取締役会設置会社においては取締役会の決定により、取締役会非設置会社においては取締役の過半数の決定によりなされることが多く、このような取扱いも認められています（詳しくは第4章Q16参照）。

　なお、取締役会が設置されていない会社においては、株主総会で決議しなければならない事項が、取締役会が設置されている会社よりも多く定められていますので注意が必要です（譲渡制限株式の承認[1]：139条、取締役の競業および利益相反取引の承認：356条1項、365条）。

いつ株主総会を開くのか？
（定時株主総会、臨時株主総会）

　株主総会の招集時期は、定時株主総会と臨時株主総会とで分けられます。

---

[1] 定款に特別の定めがあれば株主総会以外の機関による承認もできることとされています（139条但書）。

1　定時株主総会

　定時株主総会とは、毎事業年度の終了後一定の時期に招集される株主総会です（296条1項）。

　一年を一事業年度とする会社が多いですので、そのような会社は、毎年一回定時株主総会を招集することになります（半年を一事業年度とする会社は、半年に一回招集すべきことになります）。

2　臨時株主総会

　株主総会は、必要がある場合には、いつでも招集することができるとされています（296条2項）。

　これが臨時株主総会です。

普通決議とは？　普通決議事項は何？

　普通決議とは、議決権を行使することができる株主の議決権の過半数を有する株主が出席し（定足数）、出席した当該株主の議決権の過半数の賛成により成立する決議をいいます[2]。

　普通決議事項は、法令・定款に別段の定めがある場合を除いたすべての株主総会決議事項です。

　たとえば、役員の選任・解任[3]、計算書類の承認などがこれにあたります。

特別決議とは？　特別決議事項は何？

　特別決議とは、議決権を行使することができる株主の議決権の過半数を有する株主が出席し、出席した当該株主の議決権の3分の2以上にあたる賛成により成立する決議をいいます[4]。

---

[2] 定款に特別の定めがあれば、定足数や決議要件を変更することができます。ただし、役員の選任または解任に関する株主総会決議の定足数は、議決権を行使することができる株主の議決権の3分の1未満とすることはできません（341条）。

[3] ただし、定款で解任要件を加重することができます。また、累積投票により選任された取締役を解任する場合は、株主総会の特別決議が必要です。

特別決議事項は、定款変更や合併その他の組織再編行為など会社や株主に大きな影響を与える場合など、一定の重要な事項です。特別決議事項は会社法309条2項に列挙されております。

具体的には、大要、以下のとおりです。

---

① 組織再編行為等の会社の基礎の変更に関する事項（定款変更、合併、会社分割、株式交換・株式移転、事業譲渡、資本減少、解散等）
② 株主の重要な利益に関わる事項（自己株式の取得、募集株式の発行、一般承継人に対する株式売渡請求、全部取得条項付種類株式の取得、株式併合等）
③ 役員等に関する重要事項（累積投票により選任された取締役または監査役の解任、役員等の責任の一部免除等）

特殊決議とは？　特殊決議事項は何？

特殊決議とは、特別決議よりも厳重な要件（以下の二つのパターンがあります[5]）が株主総会の決議に要求されている決議をいいます。

一つめは、議決権を行使することができる株主（議決権ではなく、株主の数です）の半数以上で、かつ議決権を行使することができる株主の議決権の3分の2以上の賛成が要件とされている場合です。具体的には、定款変更により株式の全部を譲渡制限株式にする場合、または組織再編行為により譲渡制限株式等が交付される場合です。

二つめは、総株主（議決権ではなく、株主の数です）の半数以上で、かつ総株主の議決権の4分の3以上にあたる多数の賛成が要件とされている場合です。具体的には、すべての株式に譲渡制限が付いている会社において、剰余金の配当・残余財産の分配・株主総会の議決権につき株主ごとに異なる取扱いを行う旨の定款変更を行う場合です。

---

4) 定款に特別の定めがあれば、定足数や決議要件を変更することができます。ただし、定足数を、議決権を行使することができる株主の議決権の3分の1未満とすることはできませんし、決議要件を緩和することは許されません（309条2項）。
5) いずれのパターンでも、定款の規定によって決議要件を重くすることができます。

上記3つの決議につき表で整理すると以下のとおりです（定款で異なる定めができる場合があることは脚注で指摘したとおりです）。

	決議事項	定足数	議決要件
普通決議	法令・定款に別段の定めがある場合を除くすべての事項	議決権を行使することができる株主の議決権の過半数を有する株主の出席	出席した当該株主の議決権の過半数の賛成
特別決議	組織再編行為など会社や株主に大きな影響を与える場合など、一定の重要な事項	議決権を行使することができる株主の議決権の過半数を有する株主の出席	出席した当該株主の議決権の3分の2以上にあたる賛成
特殊決議	定款変更により株式の全部を譲渡制限株式にする場合、または組織再編行為により譲渡制限株式等が交付される場合		議決権を行使することができる株主の半数以上かつ当該株主の議決権の3分の2以上の賛成
	すべての株式に譲渡制限が付いている会社において、剰余金の配当・残余財産の分配・株主総会の議決権につき株主ごとに異なる取扱いを行う旨の定款変更を行う場合		総株主の半数以上かつ総株主の議決権の4分の3以上にあたる多数の賛成

株主総会で役員報酬を決めていない場合

　ルーチェ株式会社では、Y副社長の役員報酬をX社長の独断で決定してきたということですから、株主総会決議事項について株主総会決議を経ていないことになります。

　この場合に、Yに対する報酬がどうなるかについては、第4章Q16を参照

してください。

　なお、取締役の報酬の決定は普通決議事項ですが、ルーチェ株式会社では、X社長が75%の株式を保有していますので、株主総会を開催すれば難なくX社長の決定した額で決議できました。きちんと手続をしていればよかったですね。

Q.6

株主総会を開くまでのスケジュールは？

■D総務部長からの質問
　当社は新たに〇〇銀行から借入をする予定ですが、〇〇銀行担当者から、決算書と決算書の承認決議を行った株主総会議事録を提出してほしいと言われました。そこでX社長から、株主総会開催に向けてのスケジュールを立てろと言われたのですが、いままで株主総会を開いたことがないのでどうしたらよいのかわかりません。株主総会の開催に向けてスケジュールはどのようになりますか。

定時株主総会の一般的スケジュール

　定時株主総会とは、毎事業年度の終了後一定の時期に招集される株主総会のことをいいます（296条1項）。
　一年を一事業年度とする会社が多いですので、そのような会社は、毎年一回定時株主総会を招集することになります（半年を一事業年度とする会社は、半年に一回招集すべきことになります）。
　以下、定時株主総会の一般的なスケジュールの概観を眺めていきます。

1　基準日について

　まず、株主総会において権利行使できる株主を特定する必要があります。株主総会の前に株式が譲渡されたような場合にも、株主総会において権利行使できる株主を明確にすることが必要となるのです。通常は定款に定時株主総会において権利行使できる株主について基準日が定められておりますから、特別な手続をとる必要はありません（124条3項但書）。このような定款の規

定がない場合であって、株主総会の前に株主が変動する可能性があるのであれば、基準日とする日の２週間前までに公告して基準日を定める必要があります（124条）。

2 計算書類等の作成・提出

会社は、各事業年度における計算書類および事業報告ならびにこれらの附属明細書を作成し、監査役がいれば監査の手続を経るなどした後、取締役会の承認を得ることが必要になります。この点については後で述べるとおりです。

3 株主総会招集・議題等の決定

取締役会が設置されている会社においては、取締役会を開催して、株主総会の日時・場所や議題等について決定することとなります（298条）。

4 招集通知等の発送

代表取締役は、総会の日の２週間前までに、株主に対して招集通知等を発します（299条）[1]。

具体的な招集手続は、第２章Q7をご覧ください。

5 計算書類・事業報告等の備置き

会社は、各事業年度に係る計算書類および事業報告ならびにこれらの附属明細書、監査報告ならびに会計監査報告を、定時株主総会の２週間前の日から[2] ５年間本店に備え置くとともに、その写しを３年間支店に備え置く必要があります。

---

1) なお、全株式につき譲渡制限が付されている会社においては、招集通知の発送は原則として総会の日の１週間前までに行うものとされています。また、取締役会を設置していない会社は、これを下回る期間を定款で定めることもできます。
2) 取締役会を設置していない会社は、定時株主総会の１週間前の日からです。

6 株主総会の開催

以上の招集手続を経て、当日、株主総会が開催されることになります。

①議決権

各株主は、原則として、その有する株式一株につき一個の議決権を有しています（一株一議決権の原則）。

②議　事

株主総会の議事は、定款等の内部規則および慣行に従って行われます。

株主総会では、報告事項の報告と決議事項の決議がなされます。

また、株主総会の議事については、会社法318条および会社法施行規則72条が定めるところにより議事録を作成しなければなりません。

③決　議

株主総会の決議には、普通決議、特別決議、特殊決議があります。

詳細は、第2章Q5を参照してください。

7 終了後の取締役会、監査役会

株主総会決議を踏まえて、取締役会、監査役会において、各種決議がなされることが通常です。

8 決算公告等の提出

定時株主総会終結後遅滞なく、貸借対照表等を公告しなければなりません（440条。上場会社等の有価証券報告書提出会社は除く）。

9 議事録等の備置き

会社は、株主総会終了後速やかに書面等をもって議事録を作成し、本店においては株主総会の日から10年間、支店においては原則として株主総会の日から5年間、これを備え置く必要があります（318条2項、3項）。

10 変更登記

登記事項に変更が生じた場合は、2週間以内に、変更の登記をする必要が

あります（915条）。

監査役設置会社の決算スケジュール

　定時株主総会においては、計算書類や事業報告等の承認（または報告）を受けることが必要になります。そして、定時株主総会で承認（または報告）の対象となる上記の書類については、事前に作成・監査・承認等の手続が必要になります。

　その手続の具体的な流れを簡単にまとめると、以下のとおりとなります。

---

①原案の作成
　　↓
②監査
　1）　会計監査人の監査
　2）　監査役の監査
　3）　監査役会の監査
　4）　監査委員会の監査
　　↓
③承認
　1）　取締役会の承認
　2）　株主への提供
　3）　株主総会への提出

　監査役設置会社の決算スケジュールですが、上記の流れにそって説明しますと、以下のとおりです。

---

①作成
　代表取締役が原案作成
　　　↓
　原案を作成した取締役は、監査のため会計監査人・監査役に原案を提供（事業報告関連は監査役のみ）
②監査
　（ア）会計監査人設置会社以外の会社の場合

> 特定監査役[3]は、計算書類等につき、次のいずれか遅い日までに、特定取締役に対して、監査報告を作成し、その内容を通知する（事業報告とその附属明細書についても同様）。
> 　a　計算関係書類（附属明細書を除く）の全部を受領した日から4週間を経過した日
> 　b　その附属明細書を受領した日から1週間を経過した日
> 　c　特定取締役との間で合意により定めた日

（イ）会計監査人設置会社の場合[4]

> 　会計監査人は、各事業年度にかかる計算書類およびその附属明細書については、上記（ア）で述べたと実質的に同じ期限内に、特定取締役および特定監査役に対し、会計監査報告の内容を通知。

↓

> 　監査役は、上記書類につき、以下のいずれか遅い日までに、特定取締役・会計監査人に対し、監査報告を作成し、その内容を通知する。
> 　a　会計監査人から会計監査報告を受領した日から1週間を経過した日
> 　b　特定取締役および特定監査役の間で合意により定めた日

> 　監査役が、取締役から事業報告とその附属明細書を受領したときについては、特定取締役に対し監査報告の内容を通知すべき期限は（ア）と同じ。

↓

③取締役会の承認

---

[3] 「特定取締役」や「特定監査役」とは、ごく簡単に説明しますと、計算書類等の監査の手続において取締役や監査役の窓口となるべき者のことをいいます。どの取締役や監査役が「特定取締役」や「特定監査役」にあたるのかについては会社計算規則152条4項、5項、会社法施行規則132条4項、5項をご確認ください。

[4] 以下、連結計算書類を作成しないことを前提にします。

> 取締役会設置会社においては、計算関係書類および事業報告・それらの附属明細書は、取締役会の承認を受ける必要があります。

↓ 株主への提供

> 取締役会設置会社においては、定時株主総会の招集通知を、書面または電磁的方法により発しなければなりませんが、その際、株主に対し、取締役会の承認を受けた計算書類・事業報告を提供しなければなりません。
> そして、監査役設置会社では監査報告（会計監査人設置会社の場合は会計監査報告も）も提供されます。

↓ 株主総会への提出

(ア) 会計監査人設置会社以外の会社の場合

> 取締役は、計算書類・事業報告を定時株主総会に提出し、計算書類については定時株主総会の承認を受け、事業報告については、その内容を報告しなければならない。
> ↓
> 定時株主総会終結後、上記承認を得た計算書類の貸借対照表またはその要旨を公告

(イ) 会計監査人設置会社の場合

> 以下の要件をみたす場合、取締役会の承認を受けて定時株主総会に提出された計算書類については、取締役がその内容を報告すれば足り、総会の承認を求めることを要しません。よって、この場合は事業報告および計算書類を株主総会に提出したうえ、その内容を報告することとなります。
> ・会計監査報告の内容に「無限定適正意見」が含まれること
> ・会計監査報告にかかる監査役の監査報告の内容として会計監査人の監査の方法または結果を相当でないと認める意見がないこと
> ・当該計算関係書類につき監査役の監査報告の内容の通知が期限内にされ

ないことにより監査を受けたものとみなされた場合でないこと
・取締役会を設置していること
　　　↓
定時株主総会終結後、上記計算書類の貸借対照表またはその要旨を公告

会計参与設置会社の決算スケジュール

　会計参与とは、公認会計士（監査法人を含む）、または税理士（税理士法人を含む）が就く会社の機関であって、取締役と共同して計算書類を作成する権限を有するものです（333条、374条1項）。

　会計参与設置会社であっても、決算スケジュールの大枠は上述した監査役設置会社の場合と同様です。以下、相違する点について順に述べます。

①作　成

　会計参与設置会社においては、計算書類およびその附属明細書は、取締役と会計参与とが共同して作成しなければならないことになっています。また、会計参与は会計参与報告を作成しなければなりません。

　そして、会計参与は、計算書類の共同作成および会計参与報告の作成にあたりいつでも会計帳簿を閲覧・謄写し、取締役・執行役・使用人に対し会計に関する報告を求め、必要があれば、子会社に対して会計に関する報告を求めまたは会社・子会社の業務・財産状況の調査をすることができます（374条）。

②承　認

　会計参与は、計算書類等を承認する取締役会に出席する義務があり、必要があるときは意見を述べなければならないとされています。

Q.7

株主総会を招集する手続は？

■ D総務部長からの質問

　X社長から、株主総会を開催するから準備をしろと言われたのですが、どのような準備が必要なのでしょうか。私は上場企業の△社の株式をもっており、毎年△社から株主総会通知が届くのですが、当社で株主総会を開催する場合も、このように通知を出さないといけないのでしょうか。株主は全員会社の人間なので口頭で伝えても問題はないですか。

だれが招集するの？

　ルーチェ株式会社のような取締役会設置会社においては（新会社法施行以前からある株式会社は会社法施行により取締役会設置会社とみなされます（整備法76条2項））、株主総会の招集を行う場合、取締役会の決議により、下記事項を決定し（298条1項）、取締役が行うのが原則です（296条3項）。もっとも、多くの会社では定款にて株主総会の招集を行うのは、代表取締役と定められていますので、この場合は、代表取締役が招集します。

①　開催の日時・場所
②　会議の目的事項（議題）があるときは、当該事項
③　書面による議決権行使を認める場合はその旨
④　電磁的方法による議決権行使を認める場合はその旨
⑤　その他法務省令で定める事項（会社法施行規則63条）
　（i）　招集する株主総会が定時総会である場合で、前年度の定時総会の日と著しく離れた日に招集する場合にその理由
　　　　公開会社の場合に株主総会集中日に開催する場合にはその理由

(ⅱ) 株主総会の場所が過去に開催した株主総会のいずれの場所とも著しく離れた場所であるとき（定款で定められた場所や欠席株主全員の同意がある場合を除く。）
(ⅲ) 書面による議決権行使、または、電磁的方法による議決権行使ができる旨を定めた場合は、株主総会参考書類に記載すべき事項等
(ⅳ) 書面による議決権行使、および、電磁的方法による議決権行使ができる旨を定めた場合は、同一議案に対する議決権行使の内容が異なるときの取扱いを定めるときのその取扱い等
(ⅴ) 代理人による議決権行使について、代理権を証明する方法等
(ⅵ) 議決権の不統一行使の通知方法を定めるときの、その方法
(ⅶ) 議題が役員等の選任、役員等の報酬等、株式の有利発行、新株予約権の有利発行、事業譲渡等、定款の変更、合併、吸収分割、新設分割、株式交換、株式移転等である場合の、議案の概要（議案が確定していない場合にあってはその旨。なお、書面による議決権行使、または、電磁的方法による議決権行使をできると定めた場合を除く。）

このうち③、④については、これらを定めると、株主総会招集通知の記載が複雑になることや、招集通知に株主総会参考書類を添付することが義務付けられること、招集期間が長くなる（通常1週間の通知期間を置けば足りる全株式譲渡制限会社であっても発送日と会日との間に2週間の間を空けなければならない）ことから、中小企業の場合には、通常定める必要はないでしょう。

たとえば、取締役の選任のための株主総会を招集するための取締役会決議の議事録の一例は以下の**書式1**のようになります。

書式1 ■株主総会の招集決定の取締役会議事録例（抜粋）

第1号議案　株主総会の招集について
　議長から、以下のとおり株主総会の招集を行いたい旨の提案があり、議長がその賛否を諮ったところ、満場一致をもって承認可決した。

1. 開催の日時

```
            平成〇〇年〇月〇日
  2. 開催の場所
       当社本店会議室
       東京都〇〇区〇〇〇〇
  3. 会議の目的事項
       取締役選任の件
  4. 議案の概要
       当社取締役として、〇〇〇〇氏を選任する
```

いつまでに招集するの？

　株主総会を招集するには、株主総会の日の2週間前までに、株主に対して、招集通知を発しなければなりませんが、ルーチェ株式会社のような非公開会社（株式に譲渡制限を設けているかどうかは登記されるので、会社の全部事項証明書を見ればわかります。中小企業の場合はほとんどのケースで全株式について譲渡制限がついているはずです）で、書面による議決権行使および電磁的方法による議決権行使を認めていない場合には、1週間前までに通知を発すればよいものとされています（299条1項）。

　なお、書面による議決権行使、電磁的方法による議決権行使を定めた場合は、会日の2週間前に通知を発しなければなりません。

どうやって招集するの？

　ルーチェ株式会社のように、取締役会設置会社の場合は、株主に対して法定の記載事項を記載した書面による招集通知を発することによって株主総会を招集します（299条2項2号）。

　株主総会招集通知の法定記載事項は、株主総会の開催を決定する取締役会における決定事項（前記の①～⑤）と同じです（299条4項）。

　なお、事前に株主の書面または電磁的方法による承諾を得て、電磁的方法により招集通知を発することもできます（299条3項、会社法施行令2条1項2

号)。ただし、一度株主が承諾したとしても、その後に株主から書面または電磁的方法により電磁的方法による通知を受けない旨の申出があったときは、電磁的方法により招集通知を発することはできません(会社法施行令2条2項)。電磁的方法による招集通知を発することの承諾を求めるEメールの記載例は下記のとおりです。

書式2■電磁的方法による招集通知を発することの承諾を求めるEメール例（抜粋）

> ルーチェ株式会社株主
> ○○　○○殿
>
> 　貴殿に対する株主総会招集通知について、下記の電磁的方法により発送してもよろしいでしょうか。
>
> 電磁的方法の種類：送信者の使用に係る電子計算機と受信者の使用に係る電子計算機とを接続する電気通信回線を通じて送信し、受信者の使用に係る電子計算機に備えられたファイルに記録する方法（会社法施行規則第222条第1項1号イ）
>
> 電磁的方法の内容：貴殿の本Eメールアドレスに対するEメールの送信

招集場所はどうすればいいの？

　従来、株主総会の開催場所は定款に定めのある場合を除き本店所在地またはそれに隣接する地とされていましたが、会社法になり、以前と異なり、開催場所に制限はなくなりました。中小企業の場合は、通常は本社の会議室等でかまわないでしょう。

　なお、株主の出席が困難な場所をあえて選ぶような場合は、招集手続が著しく不公正であるものとして株主総会決議の取消事由となります（831条1項1号)。

　また、株主総会の場所が過去に開催した株主総会のいずれの場所とも著し

く離れた場所であるときは、当該場所が定款で定められたものである場合、または当該場所で開催することにつき株主総会に出席しない株主全員の同意がある場合を除き、当該場所を決定した理由も併せて決定する必要があります（会社法施行規則63条2号）。

株主総会招集通知の書式は？

株主総会招集通知は具体的には次のようなものとなります。

書式3 ■定時株主総会招集通知例（抜粋）

第〇回定時株主総会招集通知

拝啓　平素は格別のご高配を賜り厚く御礼申し上げます。
　さて、当社は第〇回定時株主総会を下記のとおり開催いたしますので、ご出席くださいますようご通知申し上げます。
記
1　日　　時　　平成〇〇年〇〇月〇〇日（〇曜日）
2　場　　所　　東京都〇〇区〇〇〇〇
　　　　　　　　本社会議室
3　会議の目的事項
　　報告事項　　第〇期（平成〇〇年〇〇月〇〇日）事業報告の件
　　決議事項
　　　　第1号議案　第〇期計算書類承認の件
　　　　第2号議案　取締役3名選任の件
　　（議案の概要）
　　　〇〇〇〇、〇〇〇〇、〇〇〇〇の3名を当社取締役として選任する。

招集手続を省略できる場合はあるの？

株主の全員の同意があるときは、招集通知を発することなく株主総会を開催することができます（招集手続の省略。300条）。なお、この場合でも、取締

役会による株主総会の招集の決定自体は必要とされていることには注意を要します。

　この招集手続の省略とは別に、株主全員が株主総会の開催に同意して出席すれば、株主総会は適法に成立するということが判例上認められています（最高裁昭和60年12月20日判決。いわゆる全員出席総会）。この場合は、取締役会による株主総会の招集の決定自体も不要であり、株主総会の招集手続は完全に省略できることになります。

Q.8

株主総会運営の注意点

■ D総務部長からの質問
　B常務が体調を崩し長期入院となってしまいました。急遽別の人間を取締役に選任する必要があるかもしれませんが、株主全員とも候補者を取締役に選任することに異存はないため、X社長から「簡単に決議する方法はないか調べてみてくれ」と言われたのですが、簡単な決議方法なんてあるのでしょうか。法務局に株主総会議事録を提出する必要があると思いますが、議事録の書き方も正式に教えてください。

株主総会の決議を省略できる場合

　株主総会を現実に開く場合は、株主全員に対して株主総会招集通知を発送しなければならない、会議の場所を確保しなければならない等、いろいろ面倒です（第2章Q7参照）。そこで、会社法においては株主総会について、現実的な会議の開催を要しないで行う書面決議が認められるようになりました（319条1項）。
　具体的には、

①取締役または株主が株主総会の目的である事項について提案をした場合において、
②議決権を行使することができる株主の全員が書面または電磁的記録により同意の意思表示をしたとき

は、当該提案を可決する旨の株主総会の決議があったものとみなされるというものです。　中小企業の場合は、株主の数が限られており、決議事項について株主全員の同意が予想されるケースも多いことから、積極的な利用が検

討されてよい制度でしょう。

　さらに、会社法においては、書面による報告制度も設けられました（320条）。書面決議と併せてこの制度を用いることにより、どのような株式会社でも年に1回開かなければならない定時株主総会についても現実に会議を開かずに書面で手続を済ますことができるようになったのです。

株主総会議事録の書式は？

　一般的な株主総会の議事録の記載事項は次のとおりです（318条1項、会社法施行規則72条）。

---

① 開催の日時および場所（当該場所に存しない取締役等が株主総会に出席をした場合における出席の方法を含む）
② 議事の経過の要領および結果
③ 会計参与が選解任に関し陳述した意見その他株主総会において述べられた一定の意見または発言の内容の概要
④ 出席した取締役、執行役、会計参与、監査役または会計監査人の氏名または名称
⑤ 議長があるときは、その氏名
⑥ 議事録の作成にかかる職務を行った取締役の氏名

具体的な記載例としては次のようになります。

書式1 ■株主総会議事録例

　　　　　　ルーチェ株式会社　第〇〇回定時株主総会議事録

1　日　時　　平成〇〇年〇月〇日　午後〇時
2　場　所　　東京都〇〇区〇〇〇〇
　　　　　　　本社9階会議室
3　株主の状況等
　　　　　　　議決権を行使できる株主数　5名
　　　　　　　その議決権数　60万個
　　　　　　　本総会に出席した株主数　5名（委任状による者も含む）

```
            その議決権数　60万個（委任状によるものも含む）
 4  出席した取締役及び監査役
        取締役X、Y、A
        監査役C
 5  議事の経過の要領及びその結果
    定刻午後〇時に、代表取締役Xが議長席について、開会を宣言した。
    初めに、議長は、上記3のとおり、本日の出席株主数及びその議決権数を報
  告し、本総会のすべての議案の決議に必要な定足数を満たしている旨を告げた。

  議案　取締役選任の件
     議長は、次の者を取締役に選任することの可否を議場に諮ったところ、満場
  一致をもって可決確定した。
     取締役      〇〇〇〇

     以上をもって、本総会における報告及び全議案の審議を終了したので、議長
  は午後〇時〇分閉会を宣言した。
 6  議事録作成者　議長　代表取締役X
 7  作成年月日　平成〇〇年〇月〇日
                        ルーチェ株式会社　代表取締役　　X　印
```

　なお、株主総会の決議を省略した場合（書面決議）も、株主総会議事録を作成しなければなりませんが、この場合の議事録の記載事項は次のとおりです。

```
 ①  決議があったものとみなされた事項の内容
 ②  提案をした者の氏名または名称
 ③  決議があったものとみなされた日
 ④  議事録の作成にかかる職務を行った取締役の氏名
```

　書面決議の場合の議事録の具体的な記載例は次のとおりです。

書式2 ■株主総会議事録例：書面決議の場合

　　　　　　　　書面決議による株主総会議事録
　1　決議があったものとみなされた事項の内容
　　(1)　○○○○の1名を取締役に選任した。
　2　提案した者の氏名
　　　ルーチェ株式会社　代表取締役　X
　3　株主総会の決議があったものとみなされる日
　　　平成○○年○月○日
　　以上のとおり、会社法第319条第1項の規定により株主総会の決議があったものとみなされたので、株主全員の同意があったことを確認するために、この議事録を作成した。
　　　　　　　　　　　平成○○年○月○日
　　　　　　　　　　　　ルーチェ株式会社　代表取締役　　X　印

議事録への署名または記名捺印

　取締役会議事録の場合と異なり、会社法上は、株主総会議事録の署名に関する規制はありません（なお、株主総会等の決議によって代表取締役を定めた場合には、代表取締役の就任の登記の際印鑑登録された印鑑の押印が必要とされる場合があります。商業登記規則61条4項1号）。しかし、実務上は、改ざん防止等の観点から、議事録作成者の押印を行っておくことが望ましいでしょう。

株主総会後の登記の必要

　たとえば、役員の就任や変更等、登記事項について、株主総会で定めた場合、あるいは、変更した場合には、株主総会後に当該事項について登記を申請することが必要となります。そして、当該登記申請の際に、株主総会議事録を添付することが必要となります（商業登記法46条2項）。
　これは、当該事項について株主総会の決議を省略した場合でも同様です（この場合は上記の議事録の添付が必要となります。商業登記法46条3項）。

8・株主総会運営の注意点

役員変更登記申請の書式は？

実務上、よく行われる役員変更登記の申請の書式は次のとおりです。

書式3 ■役員変更登記申請書例

株式会社変更登記申請書

1. 商　　号　　ルーチェ株式会社
1. 本　　店　　東京都〇〇区〇〇〇〇
1. 登記の事由　　取締役、代表取締役及び監査役の変更
1. 登記すべき事項　　平成〇〇年〇月〇日取締役X、Y、Aは、重任
　　　　　　　　　　同日取締役〇〇〇〇は、就任
　　　　　　　　　　同日次の者は、代表取締役に重任
　　　　　　　　　　　〇〇県〇〇市〇〇町〇丁目〇番〇号　X
　　　　　　　　　　同日監査役Cは重任
1. 登録免許税　　金1万円[1]
1. 添付書類　　株主総会議事録　1通
　　　　　　　　取締役会議事録　1通
　　　　　　　　就任承諾書　5通
　　　　　　　　委任状　1通

上記のとおり登記の申請をします。
　　平成〇〇年〇月〇日

　　　　　　　　　　　　　　　　東京都〇〇区〇〇〇〇
　　　　　　　　　　　　　　　　申請人　ルーチェ株式会社
　　　　　　　　　　　　　　　　東京都〇〇区〇〇〇〇
　　　　　　　　　　　　　　　　　代表取締役　X
　　　　　　　　　　　　　　　　東京都〇〇区〇〇〇〇
　　　　　　　　　　　　　　　　　上記代理人　〇〇〇〇　印
　　　　　　　　　　　　　　　（電話番号〇〇〇〇〇〇〇〇〇〇）
　　　　　　　　　　　　　　　　東京法務局〇〇出張所　御中

[1] 申請1件につき金3万円ですが、資本金の額が金1億円以下の会社については金1万円です（登録免許税法別表第1二十四(一)カ）。

Q.9

株主総会をきちんと行わなかったときは？

■A専務からの質問

　当社は最近株主総会を開催したようなのですが、当社の株主である私は招集通知を受け取っていません。この場合、株主総会を無効だということはできますか。私は当社の発行済株式の5％しかもっていないので、出席してもしなくても影響はないかもしれませんが……。

株主総会の決議の効力が争われる場合とは？

　株主総会を開く際には、すべての株主に招集通知を送る必要があるにもかかわらず（第2章Q7参照）、一部の株主に対して招集通知が送られなかった（手続に問題がある場合）、あるいは、株主総会決議は、法令や定款に従ってなされなければならないのに、定款や法令に反する決議がされてしまった（内容に問題がある場合）場合、その決議の効力はどうなるのでしょうか。

　この点、決議に問題がある以上、決議の効力を一律に無効とすることも考えられます。しかしながら、株主総会決議は、いったん決議がされてしまうと、その後にその決議を前提として多くの法律関係が積み重ねられていきます。ですから、軽微な問題があるにすぎない場合についても、一律に決議を無効として、いつまでもだれからでも無効であるとの主張を許すと、法的な安定性が著しく害されます。たとえば、株主総会の1年後に、株主総会の招集通知の発送期間が1日足りなかったということで、その株主総会における取締役選任決議が無効であったという主張を許すと、その取締役がその後行った行為はすべて無効となってしまい、大混乱が生じるでしょう。他方で、問題の程度が大きい場合についても当該決議の効力を認めると、今度は会社

と利害関係のある株主や会社債権者の利益が著しく害されることになりかねません。

また、株主総会の決議については、利害関係人が多数いるので、判決によって決議の効力を否定する場合、混乱を避けるために決議の効力を画一的に確定する必要があります。

このような観点から、会社法は、株主総会の決議に問題がある場合について、問題の程度に応じて、決議取消の訴え、決議無効確認の訴え、決議不存在確認の訴えの3つの救済手段を設けています。

決議取消の訴えとは？
（だれができるの？　いつまでできるの？）

株主総会の決議取消の訴えとは、要するに、株主総会の決議の問題点が比較的軽微である場合に、原則として当該株主総会の決議の効力を有効とした上で、一定の者が一定期間内に裁判所に訴えることによってのみ、当該決議の効力を否定することができるようにした制度です（831条1項）。

決議取消の訴えの対象となるのは次のものです。

---
① 招集手続の法令・定款違反（831条1項1号）
② 招集手続の著しい不公正（同上）
③ 決議方法の法令・定款違反（同上）
④ 決議方法の著しい不公正（同上）
⑤ 決議内容の定款違反（831条1項2号）
⑥ 特別利害関係者が議決権を行使したことにより著しく不当な決議がされた場合（831条1項3号）

---

①の招集手続の法令・定款違反の例としては、代表取締役が取締役会の有効な決議に基づかないで総会を招集した場合（最高裁昭和46年3月18日判決）、招集通知期間が足りなかった場合（最高裁昭和42年9月28日判決）、②および④の例として、出席困難な時刻・場所に総会を招集した場合（大阪高裁昭和30年2月24日判決）、修正動議を無視して決議をした場合（大阪高裁昭和54年9

月27日判決)、③の決議方法が法令・定款に違反するものとしては、定足数不足の場合（旧有限会社に関するもので、最高裁昭和35年3月15日判決）、招集通知に記載のない事項を決議した場合（最高裁昭和31年11月15日判決）があります。

　このように、決議取消の対象となる問題点の範囲はきわめて広く、株主総会決議に問題点がある場合といえども、決議取消の訴えが提起され、それが認められる判決が確定しない限り、多くの場合は決議自体有効であると扱われることになります。

　そして、決議取消の訴えは、決議の日から3か月以内に、株主、取締役、監査役、執行役、清算人に限って提起することができます（831条1項）。逆にいうと、3か月以内に訴えを提起しない場合、当該決議が有効であることが確定してしまいます。

　さらに、決議取消の訴えに特有の制度として、裁量棄却という制度があります。これは、決議取消事由に該当する事実があっても、当該事実が①重大でなく、かつ、②決議に影響を及ぼさないものであると認められるときには、裁判所の裁量により決議を取り消さないとする制度です（831条2項）。

　また、上述のように、株主総会の決議については、利害関係人が多数いるので、判決によって決議の効力を否定する場合、混乱を避けるために決議の効力を画一的に確定する必要があります。そのため、決議を取り消す判決の効力は広く他の第三者に及びます（対世効、838条）。

決議無効確認の訴えとは？
（だれができるの？　いつまでできるの？）

　上述のような決議取消事由がある場合と異なり、決議の内容が法令に違反している場合には、決議の問題点が大きいので、当該株主総会決議の効力は当然に無効となります。たとえば、株主平等原則に違反する決議、違法な剰余金配当決議がなされた場合が考えられます。

　この場合には、決議取消事由がある場合と異なり、訴えによらなくても、いつでもだれからでも無効主張が可能です。

ただし、訴えによって無効を主張して、その裁判において、決議を無効とする判決が確定した場合には、決議の効力を画一的に確定する必要があるので、決議取消の訴えと同じく、対世効が定められています（830条2項、834条16号、838条）。

決議不存在確認の訴えとは？
（だれができるの？　いつまでできるの？）

そもそも、物理的に株主総会決議がまったく存在しないのに、株主総会議事録だけ作成されているような場合には、株主総会決議自体が行われていないのですから、決議の有効・無効以前に、株主総会決議が存在しないということになります。

また、上述のように招集手続が法令等に違反している場合、株主総会でなされた決議には、原則として決議取消事由があることになりますが（決議取消事由の①）、招集手続の法令等の違反の程度が著しい場合には、そもそも法的にみて株主総会の決議が存在するとすらいえないという場合もあります。たとえば、一部の株主だけで勝手に集まって決議をした場合（最高裁昭和33年10月3日判決参照）や決議がされていないのに、決議があったかのような議事録が作成され、登録された場合（最高裁昭和38年8月8日判決）がこれにあたります。

こういった場合には、決議無効（決議内容の法令違反）の場合と同じく、訴えによらなくても、いつでもだれからでも決議の不存在の主張が可能です。

ただし、訴えによって決議の不存在を主張して、その裁判において、決議を不存在とする判決が確定した場合には、決議の効力を画一的に確定する必要があるので、決議取消の訴え、決議無効確認の訴えと同じく、対世効が定められています（830条1項、834条16号、838条）。

以上の3つの訴え制度をまとめると次の表のようになります。

	決議取消の訴え	決議無効確認の訴え	決議不存在の訴え
訴えによることの必要性の有無	必ず訴えによらなければならない	訴えによらずに主張可能	訴えによらずに主張可能
いつまで主張できるか	決議の日から3か月以内	いつまでも可能	いつまでも可能
だれが主張できるのか	株主、取締役、監査役等	だれでも可能	だれでも可能
根拠事由	①招集手続の法令定款違反 ②招集手続の著しい不公正 ③決議方法の法令定款違反 ④決議方法の著しい不公正 ⑤決議内容の定款違反 ⑥特別利害関係者による不当な決議	決議内容の法令違反	決議が存在しない場合、招集手続の違反の程度が著しい場合
認容判決の効力	対世効	対世効	対世効

ルーチェ株式会社で予想される事態とは？

　株主総会を開催する場合には、全株主に対して、招集通知を発送しなければなりません（299条1項）。ところが、A専務は、ルーチェ株式会社の株主であるにもかかわらず、招集通知を受け取っていないのですから、本質問のルーチェ株式会社の株主総会の招集手続には、法令違反があるということになります。

　したがって、本質問の株主総会の決議があったとされる日から3か月以内であれば、株主であるA専務やルーチェ株式会社の取締役、監査役は、当該決議について決議取消の訴えを提起することができます。なお、本件のようなケースで、A専務以外の株主（招集通知を受け取っている株主）も決議取消の

訴えを提起することができるかどうか問題となりますが、この点は最高裁の判例で肯定されています（最高裁昭和42年9月28日判決）。

　以上のように、本質問では、ルーチェ株式会社の株主総会決議には決議取消事由があるということになりますが、前述のように、決議取消の訴えにおいては、裁量棄却という制度があるので、当然に決議が取り消されるとは限りません。当該問題が①重要でなく、かつ、②決議に影響を及ぼさないと認められる場合は、決議は取り消されません。この点については、ケースバイケースで判断されます。

　本質問では、A専務の持株数が発行済株式総数の5％ではありますが、A専務に株主総会の招集通知が送付されなかったことで、株主総会に出席できなかったとするならば、A専務は株主権の行使の機会を逸するのですから、①問題は重大であるといえます。また、A専務が出席していれば、発言することもでき、他の株主に事実上の影響を与えることができることからみても、②の決議に影響を及ぼさないとはいいきれません。したがって、A専務へ株主総会招集通知を送付しなかったにもかかわらず、開催された株主総会において決議がなされても、決議取消の訴えが提起されれば認められる可能性が高いでしょう。

　なお、中小企業では、株主総会を開催せず、関係者のだれもが不開催を問題としないでおきながら、会社の支配をめぐって争いが生じた場合に、相手方攻撃の手段として総会が議事録だけの存在であることを理由に、決議不存在確認の訴えが提起されることがあります。このような訴えに対して、訴権の濫用にあたるとして訴えを却下した裁判例があります（鹿児島地裁昭和62年7月29日判決）。

税務上注意すべき決議事項（役員報酬）

　役員報酬の決定は株主総会の決議事項（361条1項）です。

　役員報酬を決定する株主総会の決議が取り消された場合、役員報酬を支給しても損金算入されないおそれがあるので注意が必要です。

Q.10

株主からの議案の提案があったときは？

■Y副社長からの質問
　監査役に代えて新たに会計参与を設置すべきだと考え、その旨を次回開催される株主総会で株主として提案したいのですが、株主として議案を提案するにはどうしたらいいでしょうか。

■X社長からの質問
　株主総会で当社の決算書の承認手続に続き、1株100円の剰余金の配当を行う決議をしようとしたところ、最近投資の勉強をしたらしいA専務の妻C監査役（当社の株主です）から、「会社の業績の好調が続いているので、配当を1株300円に増額することを検討してほしい」等との発言がありました。こんな発言は無視してもかまわないですか。

＜Y副社長からの質問について＞

株主提案権とは？

　通常、株主総会の議題（たとえば、「取締役選任の件」）は取締役会が決定します（298条1項2号）。そして、その議題が一定の重要なものである場合（役員等の選任、役員等の報酬、定款変更、各種組織再編行為等）に、議案（たとえば、「取締役選任の件」という議題について、「○○○○を取締役として選任する」がこれにあたります）の概要が、株主総会招集通知に記載されて、株主に通知されます（298条1項5号、会社法施行規則63条7号）。

　会社法は、一定の場合に、株主が、株主総会において、議題や議案を提案し、議案については株主総会招集通知に記載することを認めています。

　この株主による議題提案権（303条）と議案提案権（304条）を併せて株主

提案権といいます。

　本質問についてみると、Y副社長は監査役に代えて新たに会計参与を設置すべきことを提案したいということですが、会社法上、監査役、会計参与の設置は定款によるものとされていますから（326条2項）、Y副社長の提案は、議題としては「定款の一部変更の件」、議案としては「監査役の設置を定める定款第〇条を廃止して、代わりに会計参与の設置を定める定款第〇条を追加する」というものになります。

だれができるの？

　まず、議題提案権については、ルーチェ株式会社のように、株式について譲渡制限がついた取締役会設置会社の場合は、総株主の議決権の100分の1以上または300個以上の議決権を有する株主に限って行使することができます。

　次に、議案提案権についてですが、議決権を有している株主は、株主総会の会場において総会の目的事項（議題）について議案を提出することができます（304条）。さらに、株式に譲渡制限が付いている取締役会設置会社において、総株主の議決権の100分の1以上または300個以上の議決権を有する株主は、自己の議案の要領を株主に通知（招集通知に記載する）ことを求めることができます（305条1項および2項）。

　本質問でも、Y副社長はルーチェ株式会社の発行済株式総数（60万株）の5％（3万株）を有しており、総株主の議決権の100分の1以上または300個以上の議決権を有していますので、「定款の一部変更」という議題を提案し、当該議題についての自分の議案の要領「監査役の設置を定める定款第〇条を廃止して、代わりに会計参与の設置を定める定款第〇条を追加する」を株主に通知することを求めることができます。

どうやって提案することができるの？

　まず、議題提案権については、株主総会の会日の8週間前までに、取締役に対して請求することにより行使することができます（303条2項後段）。

次に、議案提案権については、株主総会の当日に会場で行うことができます（304条）。また、議案の要領の株主への通知請求は、議題提案権と同じく、株主総会の会日の8週間前までに、取締役に対して請求することにより行うことができます（305条1項、2項）。

　本質問でも、Y副社長は、株主総会の会日の8週間前までであれば、取締役に対して議題の提案や、自己の議案の要領の株主への通知を請求することができます。

　なお、Y副社長の議題提案および議案通知請求については、特に方法が法定されているわけではありませんが、実務上は内容証明郵便によることになるでしょう。以下に、その記載例を示します。

書式1■株主の議題提案および議案通知請求書例

議題提案及び議案通知請求書

平成〇〇年〇月〇日

東京都〇〇区〇〇〇〇
ルーチェ株式会社
代表取締役　X　殿

東京都〇〇区〇〇〇〇
Y

　前略　私は御社の株式を3万株有する株主ですが、御社の第〇回定時株主総会の会議の目的として「定款の一部変更の件」を加えること、及び、同議題に関する議案として「監査役の設置を定める定款第〇条を廃止して、代わりに会計参与の設置を定める定款第〇条を追加する」を御社の株主に対して通知することを請求致します。

草々

必ず決議してもらえるの？

　前述のように、株主は、その株主総会の議題について議案を提案することができますが、会社は一定の場合にその提案を拒否することができます。

会社が提案を拒否できる場合は、次のような場合です。

> ① その議案が法令・定款に反する場合
> ② 過去に議決権の10分の1以上の賛成が得られなかった議案と実質的に同一の議案であって、その賛成が得られなかった日から3年を経過していない場合

本質問の場合も、Y副社長の提案が上記の②に該当する場合には（配当可能利益が十分あるとすればY副社長の議案は法令・定款には違反していないので①は問題となりません）、会社はY副社長の提案を拒否することができます。

＜X社長からの質問について＞

株主総会当日の提案は可能か？

先ほど述べたように、株主は株主総会の議題について、株主総会の会場で議案を提案することができます。

本質問においても、剰余金の配当が株主総会の議題となっていれば、C監査役は配当の増額を提案することができます。なお、新会社法においては、剰余金の配当と決算の手続が切り離されたので、利益配当が定時総会において必ず株主総会の議題となっているとは限らないことには注意を要します。

当日の提案に対する対処は？

株主総会当日の、株主による議案の提案に対する対処ですが、まずは、当該提案が当該株主総会における議題の範囲内なのかどうかをみきわめる必要があります。

かりに、議題の範囲内のものでなければ、当該提案は法令に違反することになりますので（304条、309条5項。ただし、取締役会設置会社の場合に限ります）、会社はその提案を拒否することができます。

また、それ以外の場合でも先ほどの①（提案の法令定款違反）、②（過去3年

内にほとんど賛成を得られずに否決された議案と実質的に同一の議案）に該当する場合には、会社はその提案を拒むことができます。

　これに対し、①、②に該当しない場合は、原則として、会社は当該提案を拒否することはできず、その議案について採決を行うことになります。

　なお、会社が提案した原案と株主提案の議案の採決の順序ですが、株主提案の議案を先に採決することもできますし、会社原案から先に採決することについて議場に諮りその承認を得ることができれば、会社原案から先に採決することができると解されています（仙台地裁平成5年3月24日判決）。この場合は、会社原案が可決されると、株主提案は否決されたものとして取り扱われることになります。

　本質問では、まず、剰余金の処分が当該株主総会の議題になっていない場合は、C監査役の提案は法令違反にあたるので、会社はその提案を拒否できます。

　これに対し、剰余金の処分が議題になっている場合は、C監査役の提案は適法なものとなります（その年度の剰余金の処分ですから過去3年内に実質的に同一の議案が否決されたという可能性はないでしょう）。

　したがって、会社としては、C監査役の提案について議場に諮ってから会社の議案について採決することもできますし、会社原案から先に採決することを議場に諮って承認を得た上で会社原案を先に採決することもできます。

書式2■総会当日に株主から議案が提案された場合の株主総会議事録例（抜粋）

　　第〇号議案　剰余金処分の件
　　　議長は、本議案について、次の通り剰余金を処分したい旨提案した。
　　1　配当財産の種類　　金銭
　　2　株主に対する配当財産の割当に関する事項及びその総額
　　　普通株式1株につき金100円
　　　総額〇〇〇円
　　3　剰余金の配当が効力を生ずる日　　平成〇〇年〇月〇日
　　　これに対し、C株主から、株主に対する配当財産の割当について、普通株式1株につき300円としてほしい旨の議案提案がなされた。

> そこで、議長は、会社原案を先に採決したい旨を議場に諮ったところ、多数の了解を得た。
> よって、会社原案の賛否を議場に諮ったところ、出席株主の議決権の90％を超える賛成を得たので、本議案は会社原案通り可決され、株主提案に係る議案は否決された。

提案を無視したらどうなるの？

　まず、議題の提案については、適法な提案であるにもかかわらず、無視された場合、それにより損害を受けた株主は、取締役に対し、損害賠償請求ができます。他方、そもそもその提案された事項は、株主総会の議題になっていないので、決議取消等は問題になりません。

　これに対し株主から適法に議案が提案されたにもかかわらず、これを無視した場合、決議の方法の法令違反（304条違反）があることになり、その議題に関して成立した決議は、決議取消の訴えの対象となります（第2章Q9参照）。株主に損害が発生した場合に取締役が損害賠償義務を負うことは議題提案権の場合と同じです。

労働契約のルール

　会社と従業員の関係については、民法に雇用契約（民623条以下）に関する規定が置かれていますが、労働基準法等の特別法によって民法の原則が修正されてきました。そして、我が国の労働実務は、抽象的な法律のルールを具体化した裁判例によって大きくリードされてきました。

　たとえば、会社がいかなる場合に従業員を解雇できるかについては、条文上明確な定めはありません。解雇の有効性をめぐっては、一方で会社の事情（資金繰りが厳しいとか、きちんと働かない従業員を解雇したいとか）に考慮しつつ、一方で、生活の糧を一方的に奪われる労働者の損害も考慮し、解雇権濫用法理と呼ばれる膨大な数の裁判例（そこでは、会社による解雇権の発動を限定し、解雇が許される場合について様々な基準化がなされています）が集積されています。

　そして、平成19年12月に、集積された裁判例等をもとに、労働契約の実体的ルールをまとめた労働契約法が成立しました（施行は平成20年3月1日からです）。労働契約法では、使用者の安全配慮義務や、就業規則の不利益変更の原則的禁止、解雇権濫用法理など、これまでの裁判例等で確立されたルールが簡潔にまとめられております。厚生労働省が簡単なリーフレットを作成していますので、一読をおすすめします。
http://www.mhlw.go.jp/bunya/roudoukijun/roudoukeiyaku01/dl/08.pdf

　パートタイム労働者の増加など、社会の労働環境の変化に伴い、会社と労働者の労働契約関係については、とても一律に割り切ることができず、雇用形態に応じた妥当なルールの定立・適用が求められ、立法段階で様々な立場から議論が展開されました。

　会社の経営者としては、労働契約法・労働基準法等の法律に違反しないようにすることはもちろんですが、会社の利益と従業員の利益を考え、新しくできる様々な法制度をもとに、より適切・妥当な労働契約の形態を模索し、ひいては効率的な職場環境をつくり出すことが肝要といえるでしょう。

　　　　　　　　　　　　　　　　　　　　　　　　　　　（坂田　真吾）

第3章 取締役会

▶ 取締役会が形だけあるだけで開かれておらず、代表取締役の判断で事業を行っている会社も多いのではないでしょうか。ルーチェ株式会社もご多分に漏れず、取締役会が開かれておらず、X社長が自分の裁量で経営方針を決めています。

▶ しかし、取締役会は会社代表権をもつ代表取締役を監督する役割を担っており、健全な会社経営のためには、取締役会が十分機能していることが必要です。これが形骸化すると、強力な権限をもつ代表取締役社長の暴走を止められず、最悪の場合は、会社をつぶすという事態を招きかねません。ルーチェ株式会社でもいまのところ大きな問題は起きていませんが、取締役会が機能していないということは、そのこと自体「会社のリスク要因」というべきでしょう。

▶ そこで、この第3章では、取締役会が十分機能できるように、取締役会で決めなければならないこと、取締役会の開き方、開いた後のことについて、解説いたします。

Q.11

取締役会で決議しなければならないのは、どんな場合？

■X社長からの質問
　当社は、創業時から一緒にやってきた仲間が取締役になっていましたので、これまで意見の食い違いもありませんでしたし、ほぼすべてのことを私が決めて議事録だけ後からつくって済ませてきました。しかし、最近、A専務は、会社を私の長男であるYに継がせようとしていることをよく思っていないためか、なにかと私に対して反抗するようになり、取締役会で決めるべきことを私一人が決めているのは違法だとして私が決めたことには効力がないなどと言ってくるようになりました。そもそもどのような場合に取締役会で決議しなければいけないのでしょうか。

取締役会決議が必要な場合とは？

　中小企業の運営においては、代表取締役がほとんどすべての会社の方針を決めてしまい、取締役会はほとんど開かないケースが多いように思われます。
　しかし、取締役会を設置するという会社形態を選択した場合には、一定の事項は取締役会の決議によって決定することが法的に求められています。
　では、どのような場合に取締役会決議が必要になるのでしょうか。
　会社法は取締役会決議が必要な場合を個別に定めていますので、それらの事項については後ほどご説明します。ただ、会社法は、取締役会決議が必要な場合を個別に定めるだけでなく、「その他の重要な業務執行の決定」についても取締役会決議が必要であるとしています（362条4項）。
　「その他の重要な業務執行の決定」といわれても、具体的にどのような場合に「重要な業務執行の決定」となるのかがはっきりしないと思われるで

しょう。まさにそのとおりで、何が「重要な業務執行の決定」となるのかについては、その会社の規模であるとか、決定内容の性質などを総合的にその都度判断していくしかないのです。

このように、何が「重要な業務執行の決定」になるのかは、あいまいな部分が大きいので、この点をできるだけ明確にするためにも、「取締役会規則」を作成して、そのなかで、取締役会決議を必要とする基準を定めておくことが有益であると考えられます。

会社法はどのような場合に取締役会決議が必要であるとしていますか？

それでは、会社法が、取締役会決議が必要であるとして個別的に定めているものにはどのようなものがあるのでしょうか。特に重要なものをピックアップしますと、以下のようになります。

- ・重要な財産を処分するまたは譲り受ける場合（362条4項1号）
- ・多額の借財をする場合（同2号）
- ・支配人など重要な使用人を選任または解任する場合（同3号）
- ・支店などの重要な組織を設置、変更または廃止する場合（同4号）
- ・社債を募集する場合の重要事項を決定する場合（同5号）
- ・いわゆる「内部統制システム」を整備する場合（同6号）
- ・定款の規定に基づいて役員等の会社に対する責任を免除する場合（同7号）
- ・譲渡制限株式の譲渡承認等をする場合（139条1項、140条5項）
- ・株式の分割、株式無償割当をする場合（183条2項、186条3項）
- ・株主総会を招集する場合（298条4項）
- ・代表取締役を選定、解職する場合（362条2項3号）
- ・取締役の競業取引、利益相反取引の承認をする場合（365条1項）
- ・計算書類等の承認をする場合（436条3項）

「重要な財産」、「多額の借財」とは？

上記のとおり、会社法では、重要な財産を処分するまたは譲り受ける場合

や、多額の借財をする場合には取締役会の決議が必要であると定められています。

では、「重要な財産」、「多額の借財」とはどの程度のものをいうのでしょうか。この点についても、やはり個別のケースごとに判断をしていかなければならないということができます。

最高裁判所も、旧商法時代の判断ではありますが、「重要な財産の処分に該当するかどうかは、当該財産の価額、その会社の総資産に占める割合、当該財産の保有目的、処分行為の態様及び会社における従来の取扱い等の事情を総合的に考慮して判断すべきものと解するのが相当である。」（最高裁平成6年1月20日判決）として、総合的に判断することとしています。

ちなみに、この最高裁の事例では、会社の総資産の約1.6％にあたる帳簿価額7800万円の株式を売却した場合について、その株式が「重要な財産」にあたらないとはいえないと判断されています。

「多額の借財」についても、同じように総合判断していくことになるものと考えられます。

一つの例をあげますと、資本金が約130億円、総資産が約1940億円の会社が10億円の保証予約をしたケースで、「多額の借財」と判断された旧商法時代の裁判例があります（東京地裁平成9年3月17日判決）。

「借財」には単なる借入だけではなく、保証や保証予約の場合も該当すると考えられますので、注意が必要です。

「内部統制システム」とは？

会社法は、取締役会を設置している会社が、いわゆる「内部統制システム」を整備する場合には取締役会決議によることとしています（362条4項6号）。

また、大会社においては、「内部統制システム」の整備について決定することが義務とされています（348条4項、362条5項）。

大会社とは、ごく簡略化していいますと、資本金が5億円以上または負債が200億円以上の会社です（2条6号）。ルーチェ株式会社はこのどちらにもあてはまらないので、会社法上は「内部統制システム」の整備について決定

する義務はありません。ただ、これを整備しようとする場合には取締役会の決議が必要であるということになります。

それでは、「内部統制システム」とは、どのようなものでしょうか。どのような組織においても、組織のトップがその組織で行われていることをすべて詳細に把握していることはまれでしょう。組織が大きくなればなるほど、組織の末端で行われていることの把握はむずかしくなります。だからといって組織のトップが、組織全体で何が行われているのかを把握しないでよいということにはなりません。これを放置すれば、組織のなかで違法な行為が行われる温床となったり、非効率的な業務がはびこってしまう原因となってしまいます。そこで、多くの組織では、決裁という「システム」をつくったり、監査・チェックという「システム」をつくったりするなどして、組織としての活動が統一化され、より適法かつ合理的・能率的に組織活動が行われるように工夫をしているのです。ごく簡潔にいうと、このようなシステムのことをまとめて「内部統制システム」といいます。

ただ、「内部統制システム」という言葉は会社法に定められているものではありません。会社法では、「取締役の職務の執行が法令及び定款に適合することを確保するための体制その他株式会社の業務の適正を確保するために必要なものとして法務省令で定める体制」(362条4項6号) と表現されています[1]。

---

1) 会社法施行規則では、内部統制システムの内容として以下のものがあげられています (取締役会設置会社かつ監査役設置会社を前提とします。)。
①取締役の職務の執行に係る情報の保存及び管理に関する体制 (会社法施行規則100条1項1号)
②損失の危険の管理に関する規程その他の体制 (同2号)
③取締役の職務の執行が効率的に行われることを確保するための体制 (同3号)
④使用人の職務の執行が法令及び定款に適合することを確保するための体制 (同4号)
⑤当該株式会社並びにその親会社及び子会社から成る企業集団における業務の適正を確保するための体制 (同5号)
⑥監査役がその職務を補助すべき使用人を置くことを求めた場合における当該使用人に関する事項 (同3項1号)
⑦⑥の使用人の取締役からの独立性に関する事項 (同2号)
⑧取締役及び使用人が監査役に報告をするための体制その他の監査役への報告に関する体制 (同3号)
⑨その他監査役の監査が実効的に行われることを確保するための体制 (同4号)

競業取引、利益相反取引とは？

　ある会社の代表取締役が似たような事業を営んでいる別会社の代表取締役も兼任しているということはよくあることです。また、その別会社と取引をしているという場合もあるでしょう。

　このように、取締役が、自らまたは他の会社等のために、会社と競合する取引をしようとする場合（競業取引）や、取締役が、自らまたは他の会社等のために、会社と取引しようとするなどの場合（利益相反取引）にも、取締役会の決議が必要となります（356条、365条）。

　また、競業取引の場合には、その取引によって得た利益が、会社に与えた損害と推定されるという規定があります（423条2項）。ですから、会社の経営権が変わったとたんに、過去に競業取引をした取締役が、その取引について取締役会の承認を得ていなかったことを理由として、新経営陣から損害賠償請求を受け、利益を吐き出させられるということもありえない話ではないのです。

　取締役会の決議を行う場合には、個々の取引について承認することが原則ではあります。しかし、競業取引や利益相反取引は、該当する取引が継続的に行われることが多いでしょうから、ある程度包括的な承認決議を行うことも可能であると考えられています。

　なお、競業取引や利益相反取引をするために承認を求めようとする取締役は、「特別の利害関係を有する取締役」にあたりますので、取締役会において、その議決に加わることができませんから注意が必要です（369条2項）。

Q.12

取締役会を開くには？

■ D総務部長からの質問

　X社長が、最近会社経営に関し勉強を始めたY副社長から、「代表取締役の社長だけで決めていいことと取締役会で決めなければいけないことがあるのでうちの会社も取締役会を開かなければならない」と言われたということで、私に取締役会を開くように命じてきました。しかし、当社は創業以来一回も取締役会を開いたことがありませんので、どうやって開けばいいのかもわかりませんし、どうやって取締役会を進めればいいのかもわかりません。やり方を教えてください。

　また、取締役会を開かなければならないのであれば開こうとは思いますが、うちは小さい会社ですし、面倒なことはしたくありません。手続をできるだけ簡単にすることはできますか。その方法があれば教えてください。

招集できるのは？

　取締役会は、構成員である各取締役が招集決定権を有していますので、取締役であるX社長、Y副社長、A専務、B常務のいずれも招集をすることができますが（366条1項本文）、定款または取締役会決議において特定の取締役（たとえば、代表取締役であるX社長）を招集権者と定めることができ、その者が取締役会を招集するのが原則です（366条1項）。ただし、招集権者が定まっている場合でも、その他の取締役も一定の要件の下に自ら招集することができます（366条2項、3項）。

　なお、一定の場合には、株主または監査役が取締役会の招集を請求するこ

とができます（367条、383条2項、3項）。

招集手続は？

1 原　則

　取締役会日から1週間前に各取締役等に招集通知を発しなければならないとされています（368条1項）。ただし、定款の定めによってその期間を短縮することができ（同項かっこ書）、実務では3日に短縮している例が多いとされています。

　招集通知は、任意の方法（口頭、電話等）によることができ、会議の目的事項を特定する必要もありません（特定したとしても、その議題に拘束されることなくいかなる事項についても決議できると解されています）。

2 例　外

　招集手続については、経営の機動性を維持するため省略が認められており、取締役（監査役設置会社にあっては、取締役および監査役）の全員の同意を得れば、招集手続を経ることなく、開催することができます（368条2項）。

議事はどのように進めるの？

　特段の制限はありませんので、各会社の内規および慣例によって行うことになります。議長についても同様であり、なんらの定めも存在しない場合には、取締役の互選により行うことになるでしょう。

決議はどうやってやるの？

1 原　則

　議決権を有する取締役の過半数（定款でこれを上回る割合を定めた場合には、その割合以上。なお軽減は不可）が出席し、その出席取締役の過半数（定款でこれを上回る割合を定めた場合には、その割合以上。なお軽減は不可）をもって行います（369条1項）。ルーチェ株式会社の場合には、計4名の取締役がおり、定款にて定足数について特段の規定がありませんので、3名以上の出席が必要

で、その中で過半数をもって決議することになります。取締役1人につき1議決権です（平等な立場で株主から経営を委託されたものであるからです）。

なお、出席取締役が取締役会議事録に異議を述べないときは、決議に賛成した者と推定されることになります（369条5項）。

2 例 外

会社法上、以下の要件を満たす場合には取締役会決議を省略することができるとされており（370条）、これは一般的に「書面決議」と呼ばれています。

① 定款に書面決議を行うことができる旨が規定されていること
② 取締役が取締役会の決議の目的事項について提案をすること
③ ②の提案について、その事項について議決に加わることができる取締役全員の書面または電磁的記録による同意の意思表示があること
④ 監査役設置会社の場合、監査役がその提案について異議を述べないこと

ルーチェ株式会社のような取締役会および監査役設置会社においては、上記①の定款の記載例として以下のようなものが考えられます。

書式1■取締役会決議方法に関する定款例（抜粋）

第〇条（取締役会決議の方法）
1 取締役会の決議は、議決に加わることができる取締役の過半数が出席し、その過半数をもって行う。
2 取締役会の決議事項に関する提案について、前項の取締役全員が書面又は電磁的記録により同意し、監査役が異議を述べないときは、当該決議事項を可決する旨の取締役会の決議があったものとみなす。

上記②③の提案は**書式2**を参照してください。

また、この場合に作成すべき議事録については第3章Q13を参照してください。

なお、監査役会および委員会設置会社の委員会については、決議の省略は

認められていません。

また、取締役、会計参与、監査役または会計監査人が取締役（監査役設置会社においては、取締役および監査役）の全員に対し取締役会に報告すべき事項を通知したときは、その事項を取締役会に報告することは不要になります（372条1項）。

もっとも、代表取締役・業務執行取締役による3か月に1回以上の取締役会に対する職務執行状況の報告（363条2項）を省略することはできませんので（372条2項）、3か月に1回以上の取締役会の招集は、確保されているということになります。

決議に関して気をつけることは？

1 特別利害関係人は議決に加わることはできません。

決議について「特別の利害関係」を有する取締役は、議決に加わることができません（369条2項）。これは、取締役の忠実義務（第4章Q15参照）違反を防止し、決議の公正を期するためです。「特別の利害関係」とは会社の利益と衝突する取締役の個人的利害関係をいい、具体的には、競業取引の承認（356条1項1号）、会社との利益相反取引の承認（356条1項2号、3号）の場合等があげられます。

2 議決権の代理行使、書面投票、電子投票は認められません。

取締役会においては、株主総会において認められているような議決権の代理行使（310条）、書面投票（311条）および電子投票（312条）は認められていません。これは、取締役というのは経営能力があることを前提に経営を委任されているものであり、自らその経営能力を発揮して議決権を行使すべきであることおよび取締役会における協議と意見交換を踏まえて議決権を行使することが責任ある議決権行使といえることが理由です。

書式2 ■取締役会の決議を省略する場合の取締役会決議事項の提案および同意書例：取締役会および監査役設置会社の場合

平成〇〇年〇月〇日

取締役各位

取締役会の書面決議事項のご提案および同意依頼

拝啓　益々ご清祥のこととお慶び申し上げます。
　さて、当社取締役会における下記決議事項につき、すべての取締役からご同意いただいた上、監査役から当該提案についてご異議がない場合、会社法第370条および当社定款第〇条（取締役会決議の省略）の規定に基づき、当該事項につき決議があったものとみなします。
　つきましては、末尾同意欄に所定の事項をご記入の上ご提出くださいますよう宜しくお願い致します。

敬　具

記

（本取締役会の目的である事項）
1. 代表取締役選定の件
2. 代表取締役〇〇〇〇の取締役の任期満了に伴い代表取締役たる資格喪失により、後任の代表取締役として以下の者を選定する。
　　　東京都世田谷区〇丁目〇番〇号
　　　代表取締役　〇〇〇〇

以　上

（同意欄）
［提案者］殿
　会社法第370条および当社定款第〇条の規定に基づき、上記本取締役会に係る決議の目的たる事項について（取締役の場合）同意いたします。／（監査役の場合）異議ありません。
平成〇〇年〇月〇日

取締役　〇〇〇〇
（監査役　〇〇〇〇）

12 • 取締役会を開くには？　93

Q.13 取締役会を開いた後は？

■X社長からの質問

　私は創業以来当社の代表取締役をやっているのですが、いままで取締役会を開き代表取締役の選任決議をしたことはなく、任期ごとに知り合いの司法書士に必要書類をつくってもらい、法務局に必要書類を提出するだけで役員選任手続を済ませていました。しかし、最近A専務がなにかと私に反抗し「あなたの代表取締役の地位だって私が争えばどうなるかわかりませんよ」などと言うようになりました。そこで、今回私の取締役としての任期が満了したことに伴って、代表取締役もいったん退任し取締役会にて再度選任するという手続をきちんととりたいと思っています。そのため、あらためて役員選任登記の申請について法務局に問い合わせたところ、代表取締役を選定した取締役会議事録を提出するよう指導がありました。問題なく登記申請が受理されるためには、どのような議事録を作成すればいいでしょうか。

　また、取締役会を開かずに書面による決議で行った場合には違いが生じますか。

取締役会を開いた後に必要なことは？

　取締役会を開催した場合、決議内容を残すために議事録を作成し、取締役会の日から10年間本店に備え置く必要があります（369条3項、371条1項）。

　また、取締役会決議のなかには決議後、登記する必要がある事項も存在します。その代表的な例が本質問のように代表取締役などの役員に選任（重任）された場合の役員変更事項です。登記すべき事項に変更があった場合、2週

間以内に管轄法務局に変更登記を申請する必要があります（915条1項等）。

　登記を怠りあるいは議事録を備え置かない場合、代表取締役は100万円以下の過料に処せられる場合があります（976条1号、8号）。したがって、取締役会を開催した後には①取締役会議事録の作成、②登記申請、ができているかを確認する必要があります。

議事録ってどういうもの？

　議事録とは、会議開催の日時、場所、出席者、決議内容等を記録しておく書類です。取締役会の議事については、法務省令で定めるところにより、議事録を作成する必要があり、議事録が書面をもって作成されているときは、出席した取締役および監査役は署名または記名押印しなければなりません（369条3項）。この議事録が電磁的記録で作成されている場合、法務省令で定める署名または記名押印に代わる措置をとる必要があります（同条4項）。

　役員の就任や重任による変更登記を法務局に申請する場合、必ず当該決議を行った取締役会議事録を添付しなければなりません（登記内容によっては株主総会議事録も添付する必要があります。たとえば取締役の任期満了に伴う代表取締役の退任に関して、まず取締役を株主総会で選任した場合などです）。

　会社は、取締役会の日から10年間、取締役会議事録または取締役会の決議に代わる同意の意思表示を記載・記録した書面もしくは電磁的記録をその本店に備え置かなければなりません（371条1項）。

議事録はどのようにつくるの？

　本質問で、X社長は代表取締役選定の登記申請を行いたいということですが、代表取締役選定の場合に作成すべき議事録の一例は**書式1**のとおりです。

書式1 ■代表取締役選定に関する取締役会議事録例

取締役会議事録

1．開催日時：平成〇〇年〇月〇日
2．開催場所：当社本店会議室（東京都〇〇区〇〇〇〇）
3．取締役の出席状況
　　取締役総数　4名　　出席取締役　4名
4．議長　代表取締役　X
5．決議事項
　　第1号議案　代表取締役選定の件
　　議長は、代表取締役Xが取締役の任期満了により代表取締役たる資格を喪失し退任することとなった旨を説明し、よって、後任者を選定する必要がある旨を述べた。慎重協議した結果、全会一致で下記の者の選定を可決確定した。なお、被選定者は就任を承諾した。

　　　〇〇県〇〇市〇〇町〇丁目〇番〇号
　　　代表取締役　X

　以上をもって本取締役会の議案全部を終了したので、議長は閉会の挨拶を述べ、午前〇〇時〇〇分散会した。

　上記決議を明確にするため、この議事録を作成し、議長・出席取締役ならびに出席監査役が次に記名捺印する。

平成〇〇年〇月〇日
　　ルーチェ株式会社　取締役会
　　　　議長　代表取締役　　X　　印
　　　　　　　取　締　役　　Y　　印
　　　　　　　取　締　役　　A　　印
　　　　　　　取　締　役　　B　　印
　　　　　　　監　査　役　　C　　印

書面決議の場合の議事録はどうなるの？

　会社法上、一定の要件を満たす場合には取締役会決議を省略することができます。書面決議を行う場合の要件については第3章Q12を参照してください。

　取締役会決議を省略した場合の議事録の一例は**書式2・3**のとおりです。なお、書面決議の場合には、原則として選定された取締役の就任承諾書を添付の上、登記申請することになります。

書式2■取締役会議事録例：書面決議の場合

取締役会議事録

1．取締役会の決議があったものとみなされた事項の内容
（決議事項）
議案　代表取締役選任の件
　　　　代表取締役Xが取締役の任期満了により代表取締役たる資格を喪失し退任することとなったため、以下のものを代表取締役に選定する。

　　　　○○県○○市○○町○丁目○番○号
　　　　代表取締役　　X

2．取締役会の決議があったものとみなされた日　平成○○年○月○日
3．取締役会の決議があったものとみなされた事項の提案をした取締役
　　　　　　　　　　　　　　　　　　　　　　　　取締役　X
4．議事録作成担当取締役　　　　　　　　代表取締役　X
　上記のとおり、取締役会の決議の省略を行ったので、取締役会の決議があったものとみなされた当該決議事項を明確にするため、会社法第370条に基づき本議事録を作成する。

平成○○年○月○日

　　　　　　　　　　　　　　　　　　　　ルーチェ株式会社
　　　　　　　　　　　　　　　　　　　　代表取締役　　X　　印

書式3 ■就任承諾書例（抜粋）：代表取締役

就任承諾書

ルーチェ株式会社　御中

　私は、この度平成○○年○月○日開催の取締役会において貴社の代表取締役に選定されましたので、就任を承諾いたします。

平成○○年○月○日

住所　○○県○○市○○町○丁目○番○号
氏名　X　印

Q.14

取締役会をきちんと開かなかった場合は？

■X社長からの質問
　Y副社長が最近のお菓子の流行に合わせて、いまの当社の主力商品である「ルーチェまんじゅう」の姉妹品である「ルーチェパイ」を売り出そうと言い始めました。そこで、いまある機械の3分の1を思い切って売却した上で違う機械を購入しようと思っています。機械の売却については、これまでどおり私が決めて進めようとしているのですが、何か問題が生じますか。
　また、Y副社長は取締役会を開かなければならないというのですが、最近私に反抗的なA専務はこれに反対することが目に見えておりますので、A専務には取締役会があることを知らせたくありません。知らせない場合どのような問題が生じますか。

取締役会決議に基づかずに行った 代表取締役の行為の効力は？

　ルーチェ株式会社は取締役会設置会社ですが、その場合、所定の事項は取締役会決議を経なければならず、取締役に委任できないものとされています（362条4項）。上記のようにいまある機械の3分の1を売却することは、取締役会の専決事項である「重要財産の処分」に該当するものと考えられますので（第3章Q11参照）、これを行うには取締役会決議を経なければなりません。このため、X社長が取締役会決議を経ずに独断で機械の売却を決めてこれを行うことはできません。
　では、X社長が、機械の売却を取締役会決議に基づかずに行った場合、そ

の効力はどうなるのでしょうか。

　この点、取締役会決議に基づかずに行われた代表取締役の行為の効力については、会社法上明文の規定はありませんので解釈に委ねられています。そして、基本的に、各取締役会決議事項の内容や性質によってそれぞれ効力が異なるものと解されています。

　以下、それを具体的に検討し、本件の機械売却の効力について検討してみましょう。

無効になる場合、無効にならない場合とは？

　取締役会決議に基づかずに行われた代表取締役の行為の効力については、その行為の効力が生じないとすることによって取引の安全を害するか否かという観点から、以下のとおり各決議事項によって違いがあるものと解釈されています。

　すなわち、かりに会社が第三者と取引をする際、会社の内部的な手続を経ていないからといってそのすべての取引の効力が直ちに無効になるとした場合、第三者としては取引を行うことに不安を感じますので、会社としては取引がスムーズに進まなくなったり、取引ができなくなったりする可能性があります。このような事態を防ぎ取引や企業活動が活発に行われるために「取引の安全」は保護されています。

　では、以下具体的に見てみましょう。

(1)　当然に無効になると解釈されているもの

　以下の行為は、会社の内部的な業務執行や会社とその機関との間の行為です。このため、取引の安全ということを考慮する必要がないため、下記の行為を取締役会決議を経ずに、代表取締役が行った場合には、当然に無効であると解釈されています。

　　・支配人などの重要な使用人の選任または解任
　　・株主総会の招集
　　・代表取締役の選定または解職

(2)　場合によっては無効となるもの

以下の事項は、第三者が関与するものであり、取引の安全を考慮する必要がありますので、原則として有効とされています。この場合には、取引の相手方は取締役会決議が適法になされているものと期待するはずですから、会社の利益より取引の安全を保護する必要性が高いといえるからです。

　ただし、取引の相手方がその事項が取締役会決議事項であることおよびそれについて決議を経ていないことについて知っていたまたは知ることができた場合にまで、その取引の相手方を保護する必要はありませんので、その場合には無効になると解釈されています（重要財産の処分行為について最高裁昭和40年9月22日判決）。

　・重要な財産の処分または譲受け
　・多額の借財

　ここで、本質問では、機械の売却行為は上記のとおり「重要な財産を処分する場合」に該当しますので、これを取締役会決議を経ずに行った場合にも原則として有効になります。ただし、機械の買主が機械の売却が重要な財産の処分であることおよびこれについて取締役会決議がないことについて知っていたまたは知ることができた場合には、ルーチェ株式会社は機械の買主に対し、機械の売却行為が無効であることを主張できることになります。

(3)　その他
①　取締役の競業取引について

　取締役の競業取引（第4章Q15参照）について取締役会の承認を得なかった場合の効力としては、相手方がこれを知っていたか否かを問わず有効と解されています。これは、当該取引は取締役と第三者との間の取引であり取引の安全を考慮する必要がありますし、競業取引は取締役と第三者との間でなされるものですからこれを無効にすることによっては会社の権利義務に影響がないからです。

　ただし、取締役会の承認を得ない競業取引により会社に損害が生じた場合には、これを行った取締役または第三者が得た利益の額は会社の損害額と推定され、会社は当該取締役に対し損害賠償を請求できることとされています（423条1項2項）。

② 取締役の利益相反取引について

　取締役の利益相反取引（第4章Q15参照）について取締役会の承認を得なかった場合、取締役が自己または第三者のために会社と取引しようとする場合は（いわゆる直接取引）、原則として無効と解されています。これに対し、会社が取締役個人の債務を保証したり引き受けたりする場合など（いわゆる間接取引）の場合には、取引の安全を考慮する必要がありますので、判例は、その取引が取締役会の承認を受けていなかったことおよびその取引の相手方が取締役会の承認を受けていないことを知っていることを会社が主張立証できる場合に無効を主張できるとしています（最高裁昭和43年12月25日判決）。

　ただし、利益相反取引であっても会社に損害が生じえない取引[1]については、承認自体が不要であると解されています。

取締役会決議の手続に問題がある場合はどうなるの？

　次に、本質問では、X社長はA専務に知らせずに取締役会を開催しようとしています。もし、X社長がA専務に知らせずに取締役会を開いた場合には、取締役会決議の手続に問題[2]があることになり、この取締役会決議の効力が問題となります。

　この場合は、株主総会（第2章Q9参照）の場合と異なり、特別の訴えの制度が設けられていませんので、原則として、手続の問題の性質内容に関わらずその決議は当然に無効であり、だれからだれに対してもいついかなる方法によっても無効を主張できると解釈されています。

　上記解釈を前提とすると、一部の取締役だけに招集通知を送付せずに開催された取締役会における決議は原則として無効と解されます（最高裁昭和56年4月24日判決参照）。

　もっとも、判例は、このような決議は原則として無効であるとしながら、

---

[1] たとえば、会社が取締役から無利息・無担保の金銭貸付を受ける場合、会社が取締役から負担付でない贈与を受ける場合、会社が取締役に対し負担していた債務の履行を行う場合等があげられます。
[2] 手続に問題がある場合の例：招集通知漏れ、定足数不足、特別利害関係を有する取締役の参加による決議成立等。

その取締役が出席してもなお決議の結果に影響を及ぼさないと認めるべき「特段の事情」があるときは、決議は有効になると解すべきとしています（最高裁昭和44年12月2日判決）。しかしながら、この「特段の事情」についてその後の判例においても明確にされてはいませんので、いかなる場合に有効となるのかの判断がむずかしいことおよび取締役会の機能を十分に果たすことから、会社法の規定どおり取締役および監査役全員に通知を出すべきです。

　本件については、A専務に対し通知を行わなかった場合に、その取締役会決議が無効であるとすると、無効な取締役会決議に基づく代表取締役の行為の効力は、上記の取締役会決議を経ずになされた代表取締役の行為と同様に考えることになりますので、決議事項に応じた検討が別途必要です。

　そうすると、取引の安全、すなわち機械の買主の利益に配慮する必要があることから、X社長の機械を売却するという行為の効力は、原則として有効です。しかしながら、機械の買主が機械の売却が重要な財産の処分であることおよびこれについて取締役会決議が無効であることについて知っていたまたは知ることができた場合には、ルーチェ株式会社は、機械の買主に対し、X社長の機械の売却行為が無効であることを主張できることになります。

内部通報制度をご存知ですか？

　内部通報制度とは、従業員が、企業の法令違反や不正行為などを発見した場合などに、適切に対応できる窓口（「ヘルプライン」などと呼ばれます）へ直接通報できる仕組みのことをいいます。

　日本経済団体連合会は、2002年に改訂した「企業行動憲章」のなかで「企業倫理ヘルプライン」の導入を奨励しています。また、2004年には、内部通報者に対する解雇等の不利益な取扱いを禁止する「公益通報者保護法」が制定されました。会社法も、大会社および委員会設置会社では、リスク管理体制ないし内部統制システムの整備を決定しなければならないと定められており（348条4項、362条5項、416条2項）、そのなかには内部通報制度の整備も含まれると解されています。

　近年、食品会社による原材料の偽装表示など、従業員の内部告発に端を発する企業の不祥事が新聞等をにぎわしています。このような状況を背景に、内部通報制度を整備する必要性が広く認識されるようになってきました。

　内閣府が2007年10月に発表した調査報告書によれば、大会社では90％以上の企業が、内部通報制度をすでに整備し、または整備を検討中であると回答する状況になっています。ところが、同報告書によれば、中小企業では半数以上の企業が、制度の導入を検討する予定すらないと回答しています。

　そもそも法令遵守意識が乏しい、制度構築に人材や費用を割く余裕がない、制度を構築したとしても従業員数が少ないため容易に通報者が特定されてしまう等々、中小企業ならではの事情が、制度の浸透を阻んでいるようです。

　しかしながら、むしろ中小企業こそ、不祥事の発覚によって経済的な打撃を受けるおそれが大きいといえます。大手企業の法令遵守意識が高まるにつれ、今後は、それらの取引先から、制度の整備を求められることも予想されます。一方、規模が小さく従業員数が少ない中小企業では、いったん制度を整備してしまえば、周知徹底を図りやすいというメリットもあります。

　みなさんの会社でも、ぜひ一度、内部通報制度を含めた法令遵守体制の整備を真剣に検討してみてはいかがでしょうか。

　　　　　　　　　　　　　　　　　　　　　　　　　　　　（岡田　卓巳）

第4章 役員

- ▶取締役、監査役として名を連ねている方のなかにも、取締役、監査役は何ができるのか、あるいは何をしなければならないのかはあまりよくわからないという方が多いのではないでしょうか。
- ▶しかし、この点を理解していないと、会社運営を十分行えないとともに、何か問題が起こったときに、役員としてしなければならないことを怠ったとして責任を問われるおそれがあります。
- ▶そこで、この第4章では、役員がしなければならないこと、逆にしてはいけないこと、役員報酬について解説いたします。

Q.15

取締役って何をしなければならないの？ 何をしてはいけないの？

■X社長からの質問

　当社の取締役は現在4名でありいままでは足並みが揃っていたので問題はなかったのですが、最近A専務が私に反抗的な態度をとり始めていることから、私の次男も取締役にして、少なくとも私、長男で副社長のY、次男の3名で必ず取締役会の過半数がとれるようにしたいと考えています。次男は他の会社に勤めていますので今後も当社の仕事をさせることは考えていないのですが、取締役ってそもそもどんな義務や責任があるのでしょうか。また、当社に何かあったときにも次男には責任を負わせたくないのですが、そのようなことは可能ですか。

取締役の義務とは？

　そもそも取締役は会社に対してどのような義務を負っているのでしょうか。取締役が会社に対して負っている義務はおおむね以下のとおりです。
① 善管注意義務
② 忠実義務
③ 競業避止義務
④ 利益相反取引の規制に従う義務

各義務の内容は？

①善管注意義務

　取締役と株式会社との間の法律関係は一般に「委任」に関する規定に従うとされています（330条）。「委任」については、民法644条においてその委

任事務を処理するについて「善良な管理者としての注意」をもって行うことが定められていますので、取締役もこの注意をもって職務を遂行する義務を負っています。

②忠実義務

　取締役は、法令・定款および株主総会の決議を遵守し、会社のため忠実にその職務を行わなければならないとされています（355条）。

③競業避止義務

　取締役が自己または第三者のために会社の事業の部類に属する取引をしようとするときは、株主総会または取締役会の承認を受けなければならないとされています（356条1項、365条1項）。これは、取締役は業務執行に権限を有し、会社の機密情報にも通じていますので、競業を自由に行えるとすると、会社の利益が害される危険が高いことからこれを防止するために定められている義務です。

④利益相反取引の制限

　(i)取締役が自ら当事者として、または他人の代理人・代表者として会社との間で取引をなす場合および(ii)第三者と会社との間で会社と取締役の利益とが相反する取引をなす場合には、株主総会または取締役会の承認を受けなければならないとされています（356条1項、365条1項）。取締役は業務執行に権限を有しているため、会社の利益を犠牲にして自分または第三者の利益を図ることが可能ですので、それを防止するために定められている義務です。利益相反取引のうち、上記(i)を「直接取引」、(ii)を「間接取引」[1]といいます。

　上記③、④については、第3章Q11も参照してください。

任務懈怠により会社に対する責任が生じる場合とは？

　では、上記①、②に違反し「任務懈怠」が認定され会社に対する責任が生じる場合とは具体的にはどのような場合なのでしょうか。主な場合をあげてみましょう。

---

1) 間接取引の代表的な例としては、会社による取締役の債務の保証や債務引受があげられます。

(1) 業務執行上の判断を誤った場合

　この判断を誤ったか否かの評価に関しては、その当時の状況下で判断の前提たる事実認識に不注意な誤りがなく、かつその事実に基づく判断が著しく不合理でなければ、取締役に広い裁量の幅を認め、直ちにはその判断が誤っていたとの評価をしない裁判例が多くみられるところです。取締役の業務執行については、不確実な状況下で迅速な判断を求められることも多いところ、それにも関わらず、その判断に善管注意義務が尽くされていたか否かということを事後的に評価してしまうとうまくいかなかった業務すべてについての判断が善管注意義務違反となってしまい、取締役としての業務に支障が生じる可能性があるため、このような判断がなされているものと考えられます。

(2) 他の取締役・使用人に対する監督監視義務を怠った場合

(3) 利益相反取引（356条）

　利益相反取引の場合、これにより会社に損害が生じた場合には任務懈怠が推定されるという特別の定めがあります（423条3項）。すなわち、取締役の利益相反取引によって会社に損害が生じたときは、①直接取引の相手方である取締役または第三者のため会社と取引をした取締役、②株式会社を代表し当該取引をすることを決定した取締役、③当該取引に関する取締役会の承認の決議に賛成した取締役については、その任務を怠ったものと推定されます。

　なお、各任務懈怠行為を行った複数の取締役が会社に対し損害賠償の責任を負う場合には、各取締役はそれぞれ連帯債務者になります。

取締役が任務懈怠により責任を負う相手は？

　取締役が会社に対しその任務を怠った場合、取締役はどのような責任を負うのでしょうか。

1 会社に対して

　取締役が会社に対し任務懈怠により損害を与えた場合には、その損害額を賠償する責任を負います（423条1項）。これが会社に対する責任のなかで中心的な条文であり、その他には個別の条文で会社に対する責任が規定されて

います（462条1項、120条等）。これらの責任は株主代表訴訟の対象となります（847条）。

2　第三者に対して
　取締役が悪意・重過失により会社に対する任務を懈怠し、第三者に損害をこうむらせたときには、当該任務懈怠行為と第三者の損害との間に因果関係がある限り、その損害を賠償する責任を負います（429条1項）。また、計算書類等への虚偽記載があった場合には、第三者に対して損害賠償責任を負います（429条2項）。

3　それ以外
　場合によっては、特別背任罪（960条1項）等の刑事責任や過料処分（976条7号等）の責任が問われる場合もあります。

任務懈怠による会社に対する責任の免除、軽減はできる？

　取締役である以上は会社に対する義務を負いますので、その任務を懈怠した場合には、上記のとおり会社に対する責任が生じるのが原則なのですが、一定の場合には、以下のとおり、取締役の会社に対する責任を免除、軽減することが認められています。

1　責任の全部免除ができる場合
　総株主の同意がある場合（424条）

2　責任の一部免除ができる場合
　取締役が職務を行うにつき善意でかつ重大な過失がない場合には、以下の方法によって賠償額の一部を免除することが可能です。
　なお、この一部免除の場合については、
　　・取締役が連帯して会社に対し責任を負っている場合に、会社がそのうちの一部の者に対してのみ責任の免除をした場合には、残りの取締役は責

任の免除を受けた取締役の負担部分について責任を免れることになること（民法437条）
　・利益相反取引の場合の直接取引の相手方である取締役についてはこれらの適用はないこと

に注意してください。

(1)　株主総会の特別決議による場合（425条1項）

　株主総会の特別決議により、「賠償責任額から最低責任限度額[2]を控除した額」を限度としてその取締役の責任を免除することができます。なお、代表取締役、それ以外の取締役および社外取締役[3]とで免除できる限度額が異なります。

(2)　定款の定めに基づく取締役・取締役会の決定による場合（426条1項）

　取締役が二人以上ありかつ監査役設置会社である会社のみ可能な方法であり、定款の定めに基づき（**書式1**参照）、取締役会の決議（取締役会設置会社以外の会社であれば取締役の過半数の同意）によって、「賠償責任額から最低責任限度額を控除した額」を限度として取締役の責任を免除することができます。なお、この場合も代表取締役、それ以外の取締役および社外取締役とで免除できる限度額が異なります。

書式1■取締役の責任制限に関する定款例（抜粋）

　第○条　当会社は、会社法第426条第1項の規定により、同法第423条第1項に定める取締役の責任について、当該取締役が善意かつ無重過失の場合には、取締役会の決議によって、法令の定める限度額の範囲内で、その責任を免除することができる。

---

2)　最低責任限度額とは、425条1号および2号記載の額を合計して算出される額をいい、取締役在職中の職務執行の対価額および取締役就任後の有利発行新株予約権の額が基準となります。

3)　社外取締役とは、「株式会社の取締役であって、当該株式会社又はその子会社の業務執行取締役（取締役設置会社における①代表取締役並びに②代表取締役以外で取締役会の決議によって業務を執行するとして選定された取締役、及び業務を執行したその他の取締役）若しくは執行役又は支配人その他の使用人ではなく、かつ、過去に当該株式会社又はその子会社の業務執行取締役若しくは執行役又は支配人その他の使用人となったことがないもの」をいいます（2条15号）。

(3) 社外取締役の場合の責任限定契約（427条）

　社外取締役の責任に関しては、定款の定めに基づき（**書式2**参照）、「当該社外取締役が職務を行うにつき善意かつ無重過失の場合には、定款で定めた額の範囲内で、あらかじめ会社が定めた額と最低責任限度額とのいずれか高い額を限度とする旨の契約」を締結することができます。これは、社外取締役に優秀な人材がほしいと思っても、取締役になると会社に対する賠償責任を負う可能性があることから成り手がみつからないということを防ぐために設けられている規定といえます。

書式2 ■社外取締役の責任限定契約に関する定款例（抜粋）

> 第○条　当会社は、会社法第427条第1項の規定により、社外取締役との間に、同法第423条第1項の責任を限定する契約を締結することができる。但し、当該契約に基づく責任の限度額は、〇〇円以上で予め定めた額又は法令が規定する額のいずれか高い額とする。

　以上より、本質問について検討すると、X社長の次男については、業務を執行する取締役として選定される予定がないようですので、過去に業務を執行したことがなく、さらに現実に業務を執行することもなければ「社外取締役」となると考えられますので、これを前提にX社長の次男が任務を懈怠したために会社に対する責任が生じた場合について、検討します。

　まず、責任の全部を免除されるには、上記**1**のとおり総株主の同意が必要になります。これは株主でもあるA専務がX社長に反発している現状ではむずかしいことが予想されます。

　次に、責任の一部の免除を受けるには、上記のとおり3通りの方法があります。上記**2**(1)、(2)の方法をとる場合、社外取締役については通常の取締役よりもその責任の免除額を大きくすることが可能であり、この方法をとることも考えられるところです。ただし、上記**2**(1)、(2)の方法の場合、そのつど責任の免除が認められるか否かや責任の免除額がいくらになるかが株主総会または取締役会の決定に委ねられますので、不確実性が残ってしまいます。

これに対し、社外取締役である場合には、上記**2**(3)の方法をとることができ、この方法によるとあらかじめ責任の限度額が確定しますので、今回はこの方法をとることが望ましいといえるでしょう。

任務懈怠による第三者に対する責任とは？

取締役がその職務を行うにあたり悪意または重過失があり、これにより第

三者に損害が生じた場合には、当該取締役はこの損害を賠償する責任を負います（429条1項）。取締役とは上述のとおり会社に対して任務を負担するものですから、本来であれば不法行為（民法709条）に該当しないかぎり第三者に対して責任を負うことはないはずですが、株式会社の活動が取締役の職務執行に依存するものであることから第三者を保護するために定められた責任です。

　この責任については、当該任務懈怠行為と第三者との間に因果関係があるかぎり、間接損害（任務懈怠行為から会社が損害をこうむり、その結果第三者に損害が生じる場合）であるか直接損害（任務懈怠行為によっても会社には損害が生じなかったが第三者には生じた場合）であるかに関わらず、取締役に損害賠償責任を負わせたものであると解されています（最高裁昭和44年11月26日判決）。

　間接損害の例としては、取締役の放漫経営や利益相反取引により会社が倒産した場合に会社の債権者がこうむる損害があげられます。

　直接損害の例としては、会社が倒産しそうな時期に返済見込みのない金銭借入をした場合の契約相手方たる第三者がこうむる損害があげられます。

　複数の取締役が第三者に対し損害賠償の責任を負う場合には、連帯債務者になります（430条）。また、取締役の任務懈怠によって株主の個人的な利益が害される場合もあることなどから、株主もこの場合の「第三者」に含まれるものと解されています（相澤哲＝葉玉匡美＝郡谷大輔編著『論点解説新・会社法』354頁）。

　この第三者に対する責任については、上記の会社に対する責任にあったような免除や軽減のための規定はありません。

　このため、本質問においても、次男が悪意または重過失によって任務を懈怠し、これによって第三者に損害が生じた場合については、その責任を負わなければなりません。

Q.16

取締役の報酬はどうやって決めるの？

■X社長からの質問

　私は長男Yに会社を継がせようと思っているのですが、A専務はこれに反対しています。私が当社の代表取締役社長なのですから私が決めたことには従ってくれないと困りますから、A専務の報酬を下げてこらしめてやろうと思います。これまで取締役の報酬は私が全部決めてきたので、今回も私がA専務の報酬額を下げる予定ですが、何か問題がありますか。

取締役の報酬の決め方は？

　取締役が会社から受ける報酬、賞与等「職務執行の対価」として受ける「財産上の利益」については、次の事項について定款または株主総会決議により定めなければならないとされています（361条1項）。

① 報酬等のうち額が確定しているものについては、その額
② 報酬等のうち額が確定していないものについては、その具体的な算定方法
③ 報酬等のうち金銭でないものについては、その具体的な内容（たとえば、現物給付、新株予約権等）

　これは、取締役の報酬について、かりに代表取締役や取締役会で決めることになるとその代表取締役や取締役は自分や他の取締役の報酬を決めることになります。すると、だれでも報酬はできるかぎり高いほうがいいでしょうから、会社の状況等をかえりみずに自分や他の取締役の報酬を高く定め株主や会社に損害を与えるということが容易に予想されます。このようないわ

る「お手盛り」の危険を防止するために、取締役の報酬は定款または株主総会決議により定めるとされているのです。

　この趣旨をまっとうするために、上記②、③を新設するまたは改定することに関する議案を株主総会に提出した取締役は、必ずその算定方法を相当とする理由を説明しなければならないとされています（361条2項）。

　なお、取締役が使用人を兼務している場合も多いと思われますので、その点について先に説明します。使用人兼務取締役については、使用人として受ける給与等の体系が明確に確立されている場合には、同人が使用人としての職務執行の対価を受けることを予定しつつ、取締役として受ける報酬に関する事項のみを株主総会で決議しても違法にはならないと解されています（最高裁昭和60年3月26日判決）。使用人分の給与についても取締役が受ける財産上の利益には該当するのですが、「取締役としての職務執行の対価」とはいえませんし、給与体系が確立していれば「お手盛り」のおそれは少ないからです。

　本質問について、X社長は取締役の報酬はすべて自分で決めてきた、とのことであり、定款にもその規定はないようですので、いままでは違法だったということになり改善が必要になります。

　なお、定款または株主総会決議に基づかずに支給した報酬については、法的根拠のない支給として、不当利得返還請求の対象となる場合があります。

定めなければならない事項とは？

　では、定款・株主総会によって何を定めることが必要とされるのでしょうか。

　この点、上記のとおり、この規制の目的は取締役の「お手盛り」によって株主の利益が害される危険を排除することにあります。このような目的に鑑みると取締役全員に支給する総額を定めれば、取締役が自分や同僚の報酬を際限なく高くすることはできませんので、「お手盛り」の危険は防止できるものといえます。このため、定款・株主総会においては、取締役全員に支給する総額等のみを定め、各取締役に対する具体的配分は取締役の協議等に委

ねてもよいものと解されています(取締役会に委ねることを認めた判例:最高裁昭和60年3月26日判決)。

具体的には上記①について、実務上定款でこれを定める例は少なく、株主総会決議によりその総額(月額を定めることが多いといえます)の最高限度額を定め、各取締役に対する配分の決定は、取締役会設置会社においては取締役会の決定、取締役会設置会社以外の会社においては取締役の過半数による決定に委ねることが多いといえます。

以下に、取締役の報酬等について、実務上多いと考えられる形の各記載例を示します。

(ⅰ)定款において株主総会決議により定めることを定める。
(ⅱ)株主総会決議において総取締役の総額および個別の分配は取締役会に一任することを決議する。
(ⅲ)取締役会において個別の分配または代表取締役に一任することを決議する。

(ⅰ) 定款の記載例

書式1■取締役の報酬に関する定款例(抜粋)

(取締役の報酬等)
第〇条　取締役の報酬、賞与その他の職務執行の対価として当会社から受ける財産上の利益(以下、「報酬等」という。)は、株主総会の決議によって定める。

(ⅱ) 株主総会議事録の記載例

株主総会の決議について、「取締役の翌事業年度以降の報酬等」を定めるものとして行った場合には、取締役の人数に変動がない等その決議の趣旨に反する事態が生じないかぎり、毎年報酬等の決議をすることは不要になりますので、以下その場合を記載します。

・新たに定める場合

書式2 ■取締役の報酬額決定に関する株主総会議事録例（抜粋）

> 第〇号議案　取締役の報酬額決定の件
> 　議長は、翌事業年度以降の総取締役の報酬総額を月額金〇〇円以内（使用人兼務取締役の使用人分の給与は含まない。）とし、その個別の分配方法については、取締役会に一任したい旨を述べ、その理由を詳細に説明した。
> 　議長がこれを議場に諮ったところ、満場一致をもって本議案は承認可決された。

・改定の場合

書式3 ■取締役の報酬額改定に関する株主総会議事録例（抜粋）

> 第〇号議案　取締役の報酬額改定の件
> 　議長は、翌事業年度以降の総取締役の報酬総額を月額金〇〇円以内（使用人兼務取締役の使用人分の給与は含まない。）と改定したい旨及びその個別の分配方法については取締役会に一任したい旨を述べ、その理由を詳細に説明した。
> 　議長がこれを議場に諮ったところ、満場一致をもって本議案は承認可決された。

(iii)　取締役会議事録の記載例

・個別の分配につき決議する場合

書式4 ■取締役各個の報酬額に関する取締役会議事録例（抜粋）：各個別の分配につき議決する場合

> 第〇号議案　取締役各個の報酬額決定の件
> 　議長は、平成〇〇年〇月〇日開催の第〇回定時株主総会において取締役会決議に一任された取締役各個の受けるべき報酬金額を次のように決定したい旨を述べ、議場にその賛否を諮ったところ、本議案は満場一致をもって承認可決された。

・代表取締役に一任する場合

書式5■取締役各個の報酬額に関する取締役会議事録例（抜粋）：代表取締役に一任する場合

> 第○号議案　取締役各個の報酬額決定の件
> 　議長は、平成○○年○月○日開催の第○回定時株主総会において取締役会決議に一任された取締役各個の受けるべき報酬金額につき、一同に諮ったところ、全員一致をもってこれを代表取締役○に一任する旨の決議を行った。

　なお、株主総会の決議を経ずに取締役の報酬等が支払われた場合について、事後に株主総会の決議があれば、決議内容に照らして法の規定の趣旨を没却するような特段の事情がないかぎり、当該報酬等の支払いは適法として有効なものとなるとした判例があります（最高裁平成17年2月15日判決）。

「賞与」も同じ扱い？

賞与も「職務執行の対価として会社から受ける財産上の利益」の一つとして会社法上明記されていますので、上記の手続が必要になります。

株主総会議事録の記載例は以下のとおりです。

書式6■取締役賞与支給に関する株主総会議事録例（抜粋）

> 第○号議案　（第○期）取締役賞与支給の件
> 　議長は、当期末時点の取締役○名に対し、総額○○円の役員賞与を支給したい旨及びその個別の分配方法については取締役会に一任したい旨を述べ、その理由を詳細に説明した。
> 　議長がこれを議場に諮ったところ、満場一致をもって本議案は承認可決された。

減額する場合に必要な手続は？

それでは、かりにルーチェ株式会社で上記手続をとった上でA専務の報酬が決められた場合、X社長はA専務の報酬を減額できるのでしょうか。

この点については、いったん取締役の報酬額が具体的に定められた場合、その後は当該取締役の同意がないかぎりは、株主総会決議によっても報酬等の額を減額することはできないと判断した判例があります（最高裁平成4年12月18日判決）。この判例はこの理由として、各取締役の報酬等の額が定款、株主総会または取締役会において具体的に定められた場合、その額は取締役と会社との間の契約内容となり、契約内容は両者の合意によって定まるものであり両者はそれに拘束されることになるため、それを一方当事者が勝手に変更することはできないとの趣旨のことを述べています。

この判例の判断を前提とすると、本質問についても、X社長は、A専務の同意を得ないかぎり、自分だけの決定だけではもちろんのこと株主総会決議によっても報酬を減額できないことになります。

Q.17

退職慰労金はどうやって決めるの？

■X社長からの質問

　最近取締役の一人であるB常務の体調が芳しくなく、取締役もやめて会社を退職したいと言われました。B常務には創業当初からがんばってきてもらいましたので、退職慰労金を出したいと思っていますが、私が勝手に決めていいのでしょうか。しなければならない手続があれば教えてください。

退職慰労金の決定方法は？

　退職慰労金は、終任した取締役に支払われるものですが、在職中の「職務執行の対価として」会社から支給する場合には、第4章Q16で説明した「取締役の報酬等」(361条1項) に該当することになります。

　このため、退職慰労金についても定款または株主総会決議によりその額を定めなければなりません。ただ、定款で退職慰労金を決めておくのはむずかしいでしょうから、一般的には株主総会決議によって退職慰労金を決める場合が多いといえます。

　本件ではB常務が創業当初からがんばってきてもらったことの対価であるとのことですので、会社法361条1項の適用のある退職慰労金と考えられます。このため、X社長が一人で決めることはできず、株主総会決議で決める必要があります。

どのような決議が必要か？

　では、株主総会決議では、退職慰労金の具体的な金額まで決めなければな

らないのでしょうか。

　退職慰労金については、株主総会決議によって、その金額など決定をすべて無条件に取締役会に委任することは許されませんが、明示的もしくは黙示的に一定の基準（会社の業績、就任期間、担当業務、功績の軽重等による基準）が示され、それに従って具体的な金額、支払期日、支払方法等は当該基準によって定めるべきものとして一任する場合には有効と解されています（最高裁昭和39年12月11日判決、最高裁昭和44年10月28日判決等）。なお、このような決議は「一任決議」と呼ばれています。

　これは、第4章Q16で説明したとおり、361条1項の規制の趣旨は取締役の「お手盛り」の危険にあるところ、上記のとおり一定の基準による場合にはその危険性が少ないことによるものと解されています。また、退任取締役は一人の場合もあり、株主総会で金額を明示した決議が必要となると、その支給額が明らかになりますので、これが従来から嫌がられているという実態があったためといわれています。

　なお、上記判例は商法時代のものですが、会社法施行規則に、取締役の退職慰労金について、一定の基準に従い取締役その他の第三者に一任することを前提とした規定が設定されていることから（会社法施行規則82条2項）、会社法上もこのような解釈に従ってよいものと解されています。

書式1■退職慰労金贈呈の場合の株主総会議事録記載例（抜粋）

　第〇号議案　退任取締役に対する退職慰労金贈呈の件
　　議長は、本総会終結の時をもって取締役を辞任する〇〇氏に対し、当社の発展に貢献されたのでその在任中の功労に報いるため退職慰労金を贈呈したい旨及びその具体的な金額、贈呈の時期、方法等は当社の定める一定の基準に従い相当額の範囲内において取締役会に一任したい旨を述べた。
　　議長がこれを議場に諮ったところ、満場一致をもって本議案は承認可決された。

株主は「一定の基準」を知ることができるの？

　上記のとおり株主総会では一定の基準を示すことが必要となりますので、株主がその一定の基準を知ることが前提となります。
　この点については、取締役の退職慰労金に関する議案の内容が一定の基準に従い退職慰労金の額を決定することを取締役等の第三者に一任するものであるときは、
　① 議案提出の際の株主総会参考書類に当該一定の基準の内容を記載する
　　または
　② 各株主が当該基準を知ることができるようにするための適切な措置を講じている（たとえば、あらかじめ役員退職慰労金支給規程を作成し株主がいつでも閲覧可能な状態にしている）
のいずれかを行う必要があるものと規定されています（会社法施行規則82条2項）。
　よって、株主は上記いずれかの方法によって一定の基準を知ることが可能になるのです。　なお、取締役の退職慰労金に関する議案提出の際の株主総会参考書類には、退職する取締役の略歴も記載しなければならないとされていることも、通常の報酬等とは異なるところですので注意してください（会社法施行規則82条1項4号）。
　以上より、本質問について、B常務に対し退職慰労金を支払うには、以上のとおりの手続が必要であるということになります。

Q.18

ストック・オプションて？

■Y副社長からの質問

　最近、売上げも一定化し取締役も従業員もその状況に甘んじている空気が流れていますし、親父である社長もこれ以上のものを求めていないようですが、僕は不満です。このあたりで少し社内の覇気を高めたいと思い、勉強のため経済系の雑誌を読んでいるのですが、その中で、「ストック・オプション」というものを導入すると、取締役や従業員が会社の業績を向上させようという意欲がわく、と書いてあるのを見て興味をもちました。が、意味がまったくわかりません。そもそも「ストック・オプション」て何ですか。なぜそれを導入することによって、取締役や従業員が会社の業績を向上させる気持ちになるのでしょうか。また、実際に導入する場合にはどのようなことをすればいいのでしょうか。

「ストック・オプション」とは？

　ストック・オプションとは、一般的に、新株予約権（株式会社に対して行使をすることにより当該株式会社の株式の交付を受けることができる権利（2条21号、236条以下））のうち、特に企業がその従業員等（企業と雇用関係にある使用人のほか、企業の取締役、会計参与、監査役および執行役ならびにこれに準ずる者）に、報酬として付与するものをいいます（企業会計基準委員会　企業会計基準第8号「ストック・オプション等に関する会計基準」平成17年12月27日）。なお、英語のstockには株式、optionには選択権という意味があります。

　新株予約権を有する者は、あらかじめ定められた期間内に、あらかじめ定められた額の金銭等を出資することにより会社から一定数の株式を受けるこ

とができますので（236条1項）、新株予約権を取得した後に、株価が高くなればなるほど（会社の業績がよくなればなるほど）、相対的に安い対価で株式を手に入れることができます。よって、新株予約権を取締役や従業員に付与すれば、会社の業績をよくするための動機付けを与えることになりますので、近時、従業員らのモチベーション向上のため、ストック・オプションを発行する会社が増えているのです。

ストック・オプションの発行手続

　ストック・オプション付与の方法としては、募集新株予約権を第三者割当の方法によって取締役等に割り当て、取締役等が実際に払い込む金額をゼロまたはそれに近い金額にする方法が一般的です。その方法は次のようになります。

　(1)発行手続における払込金額を有償とし、払込みは取締役等の会社に対する報酬債権との相殺によって行う（246条2項。相殺方式といわれます）
　(2)発行手続における払込価格を無償として発行する（238条1項2号）

　以下では、ルーチェ株式会社のような非公開会社を前提に説明します。
　まず、①新株予約権発行にかかる規制の問題があります。非公開会社においては、新株予約権の募集事項の決定は株主総会特別決議を経なければなりませんが、新株予約権を引き受ける者に特に有利な条件（238条3項1号、2号）で発行する場合（有利発行）には、このような条件で募集することを必要とする理由を取締役が株主総会で説明しなければなりません。

　特に有利な条件か否かは、当該新株予約権の公正価格を下回るか否かで決まります（特に有利な条件での発行を「有利発行」といいます）。気を付けなければいけないのは、ストック・オプションが有利発行となるか否かは、必ずしも払込価格が有償か無償かに直結するわけではないということです。たとえば、30万円の払込価格で発行したとしても、公正価格が100万円であれば有利発行となりますし、逆に払込価格を無償としても、その価値に見合うだけの便益（将来支払うべき金銭報酬の減少など）を会社が受けていると評価される場合には、有利発行とはなりません。

次に、取締役への新株予約権の付与の場合、②取締役に対する報酬の支払いにかかる規制の問題があります。お手盛り禁止の観点から、会社法は取締役への報酬等は定款または株主総会の決議によって定めることを要するとしていますが（361条）、ストック・オプションの付与もここでいう「報酬等」に該当し、株主総会の決議を経る必要があります。なお、従業員への付与の場合にはこのような規制はありません。

　以上を前提に非公開会社であるルーチェ株式会社が取締役や従業員にストック・オプションを付与する場合の手続を概観します。

① 株主総会決議……株主総会を開催し（第2章Q6参照）、法定の募集事項を定める特別決議を経る必要があります（238条1項、2項、236条1項）。なお、株主総会特別決議によって、募集事項の決定を取締役・取締役会に委任することもできます（239条1項）。募集要項は後記のとおりです。

② 通知……決議後、申込予定者（取締役ないしは従業員）へ募集事項を通知します（242条1項）。

③ 申込み……会社は、申込予定者から新株予約権の申込みを受けます（242条2項）。

④ 割当て……株主総会の特別決議によって、新株予約権を当該申込者に割り当てる決議をします（243条1項、2項、309条2項6号）、割当日の前日までに、割り当てる新株予約権の数を通知します（243条3項）。

・募集事項

ア　募集新株予約権の内容および数（238条1号）
イ　募集新株予約権と引換えに金銭の払込みを要しないこととする場合には、その旨（238条2号）
ウ　イに規定する場合以外の場合には、募集新株予約権の払込金額（募集新株予約権1個と引換えに払い込む金銭の額をいう）またはその算定方法（238条3号）
エ　募集新株予約権を割り当てる日（238条4号）
オ　募集新株予約権と引換えにする金銭の払込みの期日を定めるときはその期日（238条5号）

どのように書類を作成すればいいのか？

ご参考までに、B常務および従業員Wへストック・オプションを、公正な価格で、無償にて付与する場合について、株主総会議事録の書式を掲載します（あくまでも簡易なサンプルですので、実際には案件に応じてより複雑なものとなります）。

書式1■ストック・オプション付与に関する株主総会議事録例（抜粋）

臨時株主総会議事録

平成〇〇年〇月〇日午後〇時〇分より、東京都〇〇区〇〇〇〇の本社本店において、臨時株主総会を開催した。

発行済株式の総数　　　60万株
議決権を行使することができる株主の総数　　　5名
議決権を行使することができる株主の議決権の総数　　　60万個
出席株主の数（委任状出席を含む）　　　5名
出席株主の議決権の数　　　60万個

出席取締役　　　A、X、Y
出席監査役　　　C
議長及び議事録作成者　　　代表取締役X

議長は、はじめに本日の出席株主数及びその議決権数を以上のとおり報告し、本総会のすべての議案の決議に必要な定足数を満たしている旨を告げた。

1　決議事項
第1号議案　新株予約権発行の件
　議長は、業績向上への意欲と士気を高めるため、ストック・オプションとして無償で下記のとおり新株予約権を発行したい旨提案し、その賛否を議場に諮ったところ、満場一致をもって承認可決された。

記

1 新株予約権の割当てを受ける者
　当社取締役B及び従業員W
2 募集事項
　(1) 新株予約権の数　〇〇個
　(2) 新株予約権の引換に金銭の払込みを要しないこととし、無償で発行する。
　(3) 新株予約権の内容
　　① 新株予約権の目的である株式の種類及び数
　　　普通株式　〇〇株（新株予約権1個当たりの目的となる株式数1株）
　　② 新株予約権の行使に際して出資される財産の価格
　　　一株当たり　〇〇万円
　　③ 新株予約権を行使することができる期間
　　　平成〇〇年〇〇月〇〇日から平成〇〇年〇〇月〇〇日まで
　　④ 新株予約権の行使により株式を発行する場合における増加する資本金及び資本準備金に関する事項　※内容による
　　⑤ 譲渡による当該新株予約権の取得については当社の承認を要する

第2号議案　取締役の報酬改定の件
　議長は、上記第1号議案が承認決議されたことに伴い、本日現在の取締役Bの報酬額に加え、同取締役にストック・オプションとして発行される上記第1号議案記載の新株予約権に関する報酬等の額について、下記に相当する額を上限としたい旨提案し、その賛否を議場に諮ったところ、満場一致をもって承認可決された。
記
追加される報酬等の額
　取締役B　割当日において算出される新株予約権〇〇個の公正な評価額

まとめ

　以上、一口に動機付けを与えるためにストック・オプションを付与するといっても、手法には様々なものがあり、以上の法的手続のほかにも会計上・税務上の見地からも詳細な検討が必要となりますので、導入を検討する際は弁護士・公認会計士・税理士等に助言を受けることが不可欠でしょう。

Q.19 業績の悪い役員の解任

■X社長からの質問

　創業時から一緒にやっているA専務は、私が長男に会社を継がせようと思っていることが気に食わないらしく、最近仕事も真面目にせず他の社員に対し当社はもう終わりだなどと言い回っているようです。仕事は真面目にやってもらわないと困りますし、他の社員の士気を低下させるようですと当社の業績にも関わりますので、解任することも考えています。ただし、A専務は法学部に通っている娘さんに法律的なことを教えてもらっているらしいので、後でA専務からいろいろ言われないように間違いない手続をとりたいと思っています。どうすればいいですか。

取締役はいつでも解任することができるか？

　取締役は、いつでも、事由の有無を問わず、株主総会の決議によって解任することができます（339条1項）。

　取締役は、会社と委任関係に立つとされます（330条）。委任関係（民法643条以下）においては、委任者は受任者が委任事項を適切に処理することを期待して信頼関係の下に受任者に委任をするのですが、委任者が受任者にそれ以上業務を遂行させることが適切でなく、委任関係を終了させたいと思っている場合にまで契約を終了できないとするのは妥当ではありません。通常の契約においては、いったん契約関係に入れば契約には拘束力が発生し、相手方の債務不履行がなければ契約を解除することはできませんが（民法541条以下）、委任契約はこの例外とされ、いつでも、事由の有無を問わず、解除をすることが認められています（民法651条）。なお、将来に向かって解除する

ことができるだけですので、解除前までの委任業務は有効です（民法652条、620条）。

　会社法においても、委任者である会社が望まないのに取締役との委任契約を存続させるのは妥当ではないことから、いつでも、事由の有無を問わず、取締役を解任できることとされているのです。

解任のために必要な手続

　それでは、ある取締役を解任する場合には、具体的にはどのような手続が必要なのでしょうか。会社の業務の意思決定は、代表取締役ないし取締役会にて行うことができますが、取締役という会社の業務執行に関与する重要な人物を解任するということは会社にとって重要な事柄ですので、株主総会の決議によることが必要とされています（339条1項）。なお、会社法制定前は株主総会の特別決議が必要とされていましたが（平成17年改正前商法257条2項）、会社法は、株主総会による取締役のコントロールを重視する観点から、普通決議で足りるとしました。

　よって、本質問では、ルーチェ株式会社の株主総会（定期ないしは臨時株主総会）を開催し、A専務の解任決議を行えば、理論上は解任することができます。

書式1■　取締役解任の株主総会議事録例（抜粋）

```
第1号議案　取締役A解任の件
　議長は、取締役Aの解任事由を詳細に説明し、取締役Aを解任したい旨を提案し、その賛否を議場に諮ったところ、満場一致をもって承認可決された。
```

解任されるA専務から主張されること

　しかし、取締役は、一定の任期中（332条）は、業務遂行の対価として報酬を受領する期待を有しているのが通常です。

　そこで会社法は、前記のように会社に自由な解任権限を与える一方、解任

された取締役は、その解任について「正当な理由」がある場合を除き、会社に対し、解任によって生じた損害の賠償を請求することができるとしています（339条2項）。

　問題はいかなる場合に「正当な理由」が認められるかですが、裁判例上、正当理由が認められた例としては、①会社の代表取締役の持病が悪化したので、会社の業務から退き療養に専念するため、その有していた会社の株式全部を他の取締役に譲渡し、同取締役と代表取締役の地位を交替したのち、当該新代表取締役が経営陣の一新を図るため、もとの代表取締役を取締役から解任したという事案で正当理由を認めた例（最高裁昭和57年1月21日判決）、②代表取締役Sが脳血栓で2か月もの入院加療を要する状態になり、退院後も長期的な通院治療を必要とし、意識状態は普通であるものの、会話能力や筆記能力が相当程度低下している状態であり、退院してからも経営者としての職責をまっとうする態度をみせておらず、また、Sは自己の株式取引による損失の穴埋めのための借入金の担保として会社の定期預金（額面合計3600万円）を提供しており、しかも、多額の株式の信用取引やインパクトローンという投機性の高い取引を独断で行い、結果的に多額の損失を会社に与え、これは、代表取締役としての経営判断の誤りと評価されてもやむをえないなどとして解任の正当理由を認めた例（広島地裁平成6年11月29日判決）があります。

　一方、正当理由がないとされた裁判例としては、会社側の、「取締役Tは、何事に対してもすぐ不満を持ち、怒りやすく、感情的に激することが度々あり、部下に対しては威張った態度をとるなど性格的に問題があるため、上司や部下などと常に摩擦をおこし、しかも一旦生じた摩擦を根にもつため、原告の評判は極めて悪く、被告会社内における人間関係は完全に破綻していた。」「そのような中で、Tは次第に何らの業績をもあげないようになった。」「そればかりか、Tは、会社に隠れて、いわゆる『内職』として不動産売買の仲介をなし、自らの利得を図り、当然被告会社の収益となるべき仲介手数料を着服し、被告会社に損害を与えた。」という主張に対し、「Tは感情の起伏が激しく、また協調性に欠けるところがあるとして、会社内で孤立していた

ことが認められる。」「しかしながら、原告は会社に入社して以来10年余に亘って会社に勤務してきたものであり、その間取締役に就任するなどしているところに照らせば、Tはむしろその力量を評価せられ、重んじられていたとさえいえるのであって、Tの性格や行状に、会社内で勤務を継続していくことができない程の特段の問題点があったものとは容易に認め難い」「基本的には真面目で生一本な性格であり、仕事熱心で被告会社に対してもそれなりに貢献するところがあったものと認められるのであり、それにも拘らず、前記のとおりTが会社内で顕著に孤立するようになったのは、次第に被告会社代表者との折合いが悪くなったことに最大の原因があるものと推認されるのである。」「Tは、被告会社に在職中、会社の業務としてではなく、T個人として第三者間の不動産の取引に関与したことがあることは認められるけれども、Tがそのことによって報酬等を得たか否かは右各証拠によるも必ずしも判然とせず、そうであれば、右関与の事実のみをもってこれを非難するのは相当でない」「以上検討したところによれば、結局Tの取締役解任には正当な事由がないものというほかはない」とした例（東京地裁昭和57年12月23日判決。引用箇所についても適宜要約しています）などがあります。

　なお、賠償すべき損害の範囲は、取締役を解任されなければ残存任期期間中と任期満了時に得べかりし利益（所得）の喪失による損害をさすと考えられています（大阪高裁昭和56年1月30日判決）。

本質問での対処方法

　本質問では、「創業時から一緒にやっているA専務は、私が長男に会社を継がせようと思っていることが気にくわないらしく、最近仕事も真面目にせず他の社員に対し当社はもう終わりだなどと言い回っているようです」とありますが、以上の裁判例をみれば明らかなように、この程度の又聞きの抽象的な事情・証拠しかないのであれば裁判を戦うには不十分といわざるをえません。

　具体的に、仕事を真面目にしないということはどういうことなのか、たとえばあるプロジェクトを遂行することができない、無断欠勤等が多い、一部

の取引先から過剰接待を受けて癒着している、交際費を私的に流用している等の事情がないのか、それを裏付ける証拠がないのか、具体的に事実・証拠を収集することが不可欠です。

また、長男に会社を継がせようと思っていることが気にくわないらしいとのことですが、具体的にどのような理由でＡ専務はそのように考えていると推測されるのでしょうか。一度Ａ専務と胸襟を開いて事情を聞き、長男Ｙ副社長に至らない点があるのであれば長男にこれを改めさせることも肝要でしょう（長年信頼してきたＡ専務が公然と反対するということ自体、Ｙ副社長の人心掌握に問題があるともいえます）。Ａ専務の批判に耳を傾け、改めるべき事は改めるという姿勢は、次期社長となるべき長男の教育・会社のさらなる発展という見地から意味があることだけでなく、後のＡ専務からの損害賠償請求訴訟において、会社がＡ専務の批判に誠実に対応していたのにやはりＡ専務がＹ副社長に対するいわば私的感情（本当はＡ専務は自分が社長になりたいのにＹが選ばれた）だけで反対したというストーリーを構築し、裁判を有利に進めるという意味においても有意義です。

事実調査の結果、著しい解任事由があると考えられる場合には、解任をすることも十分にありえるでしょう。一方、裁判になった場合に勝てるほどの正当事由があるとはいいがたいが、やはり人間関係等の事情で解任したいという場合もあるでしょう。この場合には、損害賠償を覚悟の上で解任するという選択肢もありえます。

解任の正当事由が必ずあるとまではいえないが、なくもないというグレーなケースもあるでしょう。現実にはこのような悩ましいケースが多いと思われますが、まずは後述のように辞任を迫り、これに応じない場合に解任し、Ａ専務から損害賠償を請求された後、正当事由を徹底的にあげ、一定金額で和解ができないかを探るという戦術が合理的でしょう。

また、Ａ専務の非違行為が現在は程度の低いもので、十分な証拠がないという場合には、少し泳がせておいて非違行為がエスカレートするまで待つ（および証拠収集する）という戦術もありえます。

解任という手段をとらずとも、要は取締役からはずしたいということで

しょうから、さほど急ぎではないということであれば、A専務の任期満了まで待ち、再任しないという方法もありえるでしょう。

さらに、いずれにせよ解任した場合には損害賠償を請求されるリスクがあるので（客観的に解任に正当事由がある場合においても、A専務が損害賠償を請求すること、訴訟を提起すること自体はA専務の自由です。A専務は裁判に負けるでしょうが）、解任の正当事由にかかる事実・証拠を収集し、解任決議前にA専務に辞任を迫るという交渉方法もありえます。自ら辞任した場合には、会社からの一方的な解任と異なり、取締役は事後的に損害賠償請求をすることはできませんので、辞任してもらえれば損害賠償を請求されるリスクを消滅させることができます。

なお、取締役を解任ないしは辞任したA専務が会社を退職するという行動に出ることもありえます。この場合には、退職慰労金の支払い等の問題も生じえますので、事前に検討しておかなければなりません。

また、A専務は、ルーチェ株式会社の5％の株式を保有しているので、株式を他に譲渡したり株式買取請求権を行使してくるかもしれません（138条1号ハ）。これらへの対応については第6章Q26を参照してください。

以上、取締役の解任は、法律上は自由にできるものの、現実的にはかなりドラスティックな方法であって、当該取締役の性格・行動によって、損害賠償請求はもとより、様々な法的リスクが発生します。損害賠償請求訴訟提起による社内の士気の低下等も起こりえるでしょう。よって、取締役の解任を検討するにあたっては、解任の正当事由に関する事実・証拠を収集しつつ、A専務がとるであろう行動を予想して、他の手段がないかを検討し、段階を踏んで適切な方法を選択するべきでしょう。

Q.20

監査役って何をしなければならないの？

■X社長からの質問
　当社の監査役は、A専務の妻であるCなのですが、これは昔会社をつくるとき監査役を決めなければならないといわれ名目的になってもらっただけですので、A専務を解任するのに伴いC監査役も解任したいと思っています。その後も監査役は決める必要があるのですか。そもそも監査役ってどういうものですか。

そもそも監査役とは何ですか？

　監査役は、取締役（会計参与設置会社にあっては、取締役および会計参与）の職務の執行を監査し、監査報告を作成するとされています（381条1項）。なお、「監査」とは、利害関係者に対して会社が公表する財務諸表等が適正に表示されていることについて、独立した第三者の立場から証明することをいいます。

　「職務の執行を監査」することの具体的内容が問題になりますが、大きく、取締役等の業務に関する業務監査、会計に関する会計監査に分けられております。

業務監査とは何ですか？

　業務監査とは、取締役の業務執行の適法性（法令・定款違反）を監査することをいいます。なお、監査役の権限は上記適法性の監査に限られ、業務執行が妥当か否かの監督まではこれに含まれないと解されています。もっとも、業務執行の不当性が一定程度を越えると違法になりえますから、現実的には、

監査役の監査においても取締役の職務執行に不当な点がないかを調査することを出発点とせざるをえないと考えられています。

業務監査については、非公開会社（監査役会設置会社および会計監査人設置会社を除きます）は、定款の規定によって、監査役の権限から除外することができます（389条1項）。公開会社でなければ、全株式に譲渡制限が存するので、株主異動がまれで、株主が直接に取締役の業務執行を密接・継続的に監視することが可能な例もありえるからと説明されています。

そして、会社法制定前に、旧商法特例法（株式会社の監査等に関する商法の特例に関する法律）上の小会社（資本の額が1億円以下かつ最終の貸借対照表の負債の部に計上した金額の合計額が200億円以上でない株式会社。同法1条の2第2項）である株式会社の監査役の権限については、監査の範囲を会計監査権限に限定する旨の定めがあるものとみなされます（整備法53条、会社法389条1項）。

ルーチェ株式会社は資本金3000万円で、負債も200億円未満でしょうから、前記小会社にあたり、定款で別段の定めをしていない限り、監査役に業務監査権限はありません。

以下では、業務監査における監査役の権限・義務を概観します。

---

①調査に関する権限・義務
　・監査役は、いつでも、取締役および会計参与ならびに支配人その他の使用人に対して事業の報告を求め、または会社の業務・財産の状況を調査することができる（381条2項）。
　・子会社においても同趣旨（381条3項）。
　・監査役は、取締役が株主総会に提出しようとする議案、書類その他法務省令で定めるものを調査しなければならない（384条）。
②是正に関する権限・義務
　・違法行為の阻止
　　(1)監査役は、取締役会に出席し、必要があると認めるときは、意見を述べなければならない（383条1項）。なお、取締役会の招集を請求すること等も可能（383条2項3項）。
　　(2)監査役は、取締役が不正の行為をし、もしくは当該行為をするおそれがあると認めるとき、または法令もしくは定款に違反する事実もしくは著しく不当

な事実があると認めるときは、遅滞なく、その旨を取締役に報告しなければならない（382条）。
(3)監査役は、取締役が会社の目的の範囲外の行為その他法令もしくは定款に違反する行為をし、またはこれらの行為をするおそれがある場合において、当該行為によって会社に著しい損害が生ずるおそれがあるときは、当該取締役に対し、当該行為をやめることを請求することができる（385条1項）。裁判所に申し立てて無担保で仮処分命令を発令させることも可能（同2項）。
・会社と取締役間の訴訟
監査役は、会社と取締役間の訴訟においては、会社を代表する（386条）。
③報告に関する権限・義務
監査役は、法務省令（会社法施行規則129条各号）で定めるところにより、監査報告を作成しなければならない（381条1項後段）。

会計監査

　株式会社は、各事業年度に係る計算書類（貸借対照表、損益計算書等）および事業報告ならびにこれらの附属書類を作成しなければなりません（435条2項）。

　監査役を置く会社においては、これらについて、監査役の監査を受けなければなりません（436条1項）。

　そして、監査役は、計算関係書類等を受領したときは、次の事項を内容とする監査報告を作成しなければなりません（会社計算規則150条1項）。

・監査役の監査の方法およびその内容
・計算関係書類が当該株式会社の財産および損益の状況をすべての重要な点において適正に表示しているかどうかについての意見
・監査のため必要な調査ができなかったときは、その旨およびその理由
・追記情報
・監査報告を作成する日

　なお、監査役の監査の範囲を会計に関するものに限定する旨の定款の定めがある株式会社の監査役は、事業報告を監査する権限がないことを明らかに

した監査報告を作成しなければなりません（会社法施行規則129条2項）。

監査報告のひな型は、社団法人日本監査役協会のホームページに記載されています（http://www.kansa.or.jp/siryou/houkokusho_hinagata.html#02_003）。

たとえば、ルーチェ株式会社の場合の書式としては次のようなものが考えられます。

書式1■「監査報告書の提出について」の例

平成〇〇年〇月〇日
ルーチェ株式会社
代表取締役　X　殿

　　　　　　　　　　　　　　　　　　　　　　　常勤監査役　C　印

　　　　　　　　　　監査報告書の提出について

　会社法第389条第2項の規定に基づき監査報告書を作成しましたので、別紙のとおり提出いたします。

　　　　　　　　　　　　　　　　　　　　　　　　　　　　以　上

書式2■監査報告書例

　　　　　　　　　　　　監　査　報　告　書

　平成〇〇年〇月〇日から平成〇〇年〇月〇日までの第〇〇期事業年度に係る計算書類およびその附属明細書に関して、本監査報告書を作成し、以下のとおり報告いたします。
　なお、当会社の監査役は、定款第〇〇条に定めるところにより、監査の範囲が会計に関するものに限定されているため、事業報告を監査する権限を有しておりません。
監査の方法およびその内容
　私は、取締役等から会計に関する職務の執行状況を聴取し、会計に関する重要な決裁書類等を閲覧いたしました。また、会計帳簿またはこれに関する資料

を調査し、当該事業年度に係る計算書類（貸借対照表、損益計算書、株主資本等変動計算書および個別注記表）およびその附属明細書について検討いたしました。

監査の結果
　計算書類およびその附属明細書は、会社の財産および損益の状況をすべての重要な点において適正に表示しているものと認めます。

追記情報（記載すべき事項がある場合）

平成○○年○月○日

ルーチェ株式会社
監査役　　C　　印

監査役は設置しなければならないのですか？

　一口に株式会社といっても、その形態・権限分配構造は様々であることから、法は、すべての株式会社に監査役を設置することを義務付けているわけではありません。

　具体的には、取締役会設置会社（取締役会を置く株式会社または会社法の規定により取締役会を置かなければならない株式会社。2条7号）においては、原則として、監査役を置かなければなりません（327条2項。ただし、委員会設置会社を除く）。この理由は、取締役会設置会社においては、業務執行の決定を取締役会が行うので株主総会の権限が制約される等するので、株主に代わる取締役の監視機関として監査役が必要と考えられるから、と説明されています。

　ルーチェ株式会社は、取締役会を設置している株式会社ですので、原則として、監査役を設置しなければなりません。

　もっとも、ルーチェ株式会社のように、非公開会社においては、株主異動がまれで、株主が直接に取締役の業務執行を密接・継続的に監視することが可能な例もありえるところ、会計参与を置けば監査役を設けないことが可能です（327条2項但書）。会計参与については、第1章Q3を参照してください。

監査役の選任方法等

　本件では、C監査役を解任した場合（339条）、監査役設置義務がある場合には、あらためて監査役を選任しなければなりません。

　具体的には、取締役の選任と同じく、株主総会の普通決議が必要です。

　監査役の員数については、監査役会設置会社（2条10号）については3人以上等でなければなりませんが（335条3項）、それ以外の株式会社においては定款の定めによって1人でかまいません。なお、監査役の独立性を担保するため、会社（子会社を含む）の取締役等と兼任することはできません（335条2項）。

　監査役の任期は、選任後4年以内に終了する事業年度のうち最終のものに関する定時株主総会の終結の時までです（336条1項）。監査役の地位を強化して独立性を担保するため、法定の任期を定款や選任決議により短縮することはできません（取締役の任期の場合と異なります。332条1項但書参照）。

　もっとも、ルーチェ株式会社のような非公開会社の監査役の任期は、定款により選任後10年以内に終了する事業年度のうち最終のものに関する定時株主総会の終結のときまで伸長することができます（336条2項）。

監査役の任務懈怠

　監査役も任務を怠ったときは、取締役と同様に、会社に対して、連帯して損害賠償責任を負います（423条1項、430条）。

　また、監査役が職務を行うについて悪意または重大な過失があったときは、これによって第三者に生じた損害を第三者に賠償する責任を負います（429条1項）。

　日本の企業においては、従来、監査役は「お飾り」的なポストと考えられ、必ずしも監査役に就任した方が熱心に監督を行わなかったり、監査役に対する責任追及が十分にされなかったという傾向がないとはいえないと思われます。

　しかし、近時、企業のコンプライアンスが重視される傾向が強まり、監査

役も十分に職責をまっとうしない場合には、責任追及を免れられないケースも増加すると考えられます。

本質問での対処方法

　監査役の解任の場合も、第4章Q19の取締役解任の場合と同様、正当理由がない場合には損害賠償をされるリスクがあります（339条2項）。

　もっとも、ルーチェ株式会社ではC監査役は名目的であるというにすぎないので、かりに無報酬であるとすれば、C監査役に損害は発生せず、損害賠償請求できないと考えうるでしょう。

　また、第4章Q19で解任事由のある場合でも辞任を求めてリスクヘッジをする方法をご説明しましたが、C監査役に対しては、名目的とはいえ監査役には前記のような任務懈怠等の法的責任を伴う可能性があるものだから、どうせ名目的であれば辞任しませんかなどと促す方法もありえるでしょう。

会社の業績が芳しくないので、従業員をリストラしたいのですが……

　いかなる会社も営利企業である以上、採算がとれない場合には人員を削減してでも利益を確保したいと思うのが通常です。

　では、単に経費を節約して利益を出すという理由のみでリストラができるのでしょうか。

　この点、日本では、正規従業員の雇用の尊重が基本原則とされており、景気後退や業績不振の際の雇用調整の場面においては、まずは残業規制、配転、出向、転籍、希望退職募集、退職勧奨（肩叩き）などの解雇以外の方策を先行させることとされ、解雇は最後の手段と位置付けられていることに注意する必要があります。

　結局、リストラ＝整理解雇（人員削減のための解雇）の有効性は、会社の人員削減の必要性と従業員の生活の保持の調整の問題に行き着くのであり、裁判例では、以下の基準によって整理解雇が解雇権濫用にあたらないかが判断されています。

　まず、人員削減の必要性です。人員削減措置が景気後退や業績不振のため十分な合理性に基づいていることが求められます。

　次に、解雇回避措置の選択です。上述した他の代替策で業績不振を切り抜けられるのであればそれによるべきとされ、これを無視した解雇措置は例外なく無効とされているので注意が必要です。

　さらに、被解雇者選定の妥当性も必要です。会社の恣意的判断で解雇にされる者を選定するのではなく、客観的で合理的な基準を設定し、公正な適用をすることが求められています。

　最後に、手続の妥当性も求められます。会社は、労働組合や労働者に対し、整理解雇の必要性とその実施時期、規模、方法等につき、理解と納得を得るための説明をする義務があるといわれています。

　会社としては、むやみにリストラ策を講じるのではなく、事前に弁護士に相談して、入念な準備の下に実行するのが得策でしょう。　　　（堀　　鉄平）

第5章 資金調達等

▶会社にとり、事業資金というのはまさに人でいうと「血液」のようなものであり、これがなければ会社運営ができないことはいうまでもありません。その資金調達の方法として新株発行等がありますが、実際にどのような手続が必要なのかがわからないという会社も多いのではないでしょうか。

▶そこで、この第5章では、新株発行手続を中心に資金調達などについて解説いたします。

Q.21

新株の発行はどうやって行うの？

■ X社長からの質問

　私の長男Yは、当社の代表商品である「ルーチェまんじゅう」の製造だけでは将来が心配なようで、新たな製品開発のために長男Yの友人が運営しているコンサル会社と連携して商品開発を行いたいとのことです。長男Yはそのコンサル会社から出資してもらい、新株を割り当てることを考えているようです。そのような新株の発行を行いますと、現在の他の株主にとっては持株の割合が低下することになるので、抵抗されるんじゃないかと懸念しているのですが、このような新株発行を行う場合にはどのような手続を踏めばよいのでしょうか。

だれに新株を発行するのかによって手続は違うのですか？

　新株を発行する場合の手続は、新株をだれに対して発行するのかによって異なります。以下、ルーチェ株式会社のように非公開会社であり、取締役会を設置している会社を前提として解説します。

　株主に対して平等に発行する場合には、定款に規定さえあれば取締役会決議によって発行することができますが（202条3項2号）、第三者に対して発行したり、特定の株主に対して発行するような場合には、株主総会の特別決議が必要となり、厳格な手続が必要となります（199条1項、2項）。

株主に対して平等に発行する場合の手続は？

　X社長が行おうとしている新株発行は第三者に対する発行ですが、これが

株主に対して平等に発行する場合であった場合にはどのような手続となるのでしょうか。まずは、新株を株主に対して平等に発行する場合の手続を見ていきましょう。

株主に対して平等に発行する場合の募集事項等の決定はどのように行うの？

　株主に対して平等に発行する場合の募集事項等の決定については、原則として株主総会の特別決議が必要とされています（202条3項4号）。ただし、取締役会の決議で定められるという規定が定款に定められていれば、取締役会の決議により定めることができます（202条3項2号）。会社法施行時（平成18年5月1日）にすでに存在していた株式会社の定款には、この定めがあるものとみなされております（整備法76条3項）。ですから、会社法施行後に特に定款を修正していない場合には取締役会決議によって定めることとなります。

　ルーチェ株式会社も会社法施行後に特に定款を修正していないようですので、取締役会決議によって定めることになります。

　取締役会決議によって定めるのは、以下の事項です（以下、新株発行に伴い金銭の払込みを受ける場合を前提にします）。

①　発行する株式の数（202条3項2号、199条1項1号）
②　発行する株式の金額またはその算定方法（202条3項2号、199条1項2号）
③　新株と引換えにする払込みの期日または期間（202条3項2号、199条1項4号）
④　増加する資本金および資本準備金に関する事項（202条3項2号、199条1項5号）
⑤　株主に対し、申込みをすることによって新株の割当てを受ける権利を与える旨（202条3項2号、同条1項1号）
⑥　⑤の申込みの期日（202条3項2号、同条1項2号）

この決議を行った場合の取締役会議事録の一例はこのようになります。

書式1■ 新株発行に関する取締役会議事録例（抜粋）

第1号議案　新株式発行について
　議長から、以下の通り新株式を発行したい旨の提案があり、議長がその賛否を諮ったところ、満場一致をもって承認可決した。

1．発行する新株式の数
　　100株
2．発行する新株式の払込金額
　　1株あたり金5万円
3．払込期日
　　平成○○年○月○日
4．増加する資本金及び資本準備金に関する事項
　　払込金額のうち資本金とせず資本準備金に組入れるのは1株につき金2万円である。
5．株主割当
　　この新株式の発行にあたっては、株主が所定の申込みを行うことにより、株主に対して新株式の割当てを受ける権利を与えるものである。
6．前項の申込みの期日
　　平成○○年○月○日

募集事項等決定後の手続は？[1]

(1) 通　知

　会社は上記の決定を行ったときは、以下の事項を各株主に対して通知することとなります。この通知は申込期日の2週間前までにしなければなりません（202条4項）。

---

① 発行する株式の数（202条4項1号、199条1項1号）
② 発行する株式の金額またはその算定方法（202条4項1号、199条1項2号）
③ 新株と引換えにする払込みの期日または期間（202条4項1号、199条1項4号）
④ 増加する資本金および資本準備金に関する事項[2]（202条4項1号、199条1項5号）
⑤ 当該株主が割当てを受ける株式の数（202条4項2号）
⑥ 申込みの期日（202条4項3号）
⑦ 商号（203条1項1号）
⑧ 払込みの取扱場所（203条1項3号）
⑨ その他、会社法施行規則41条に定めのある事項（203条1項4号）

通知の一例をご紹介しましょう。

書式2■株主への新株割当ての通知例

　　　　　　　　　　　　　　　　　　　　　　　　平成○○年○月○日

株主各位

　　　　　　　　　　　　　　　　　　　　　　　　ルーチェ株式会社
　　　　　　　　　　　　　　　　　　　　　　　　代表取締役　X

　　　　　　　　　　　新株式割当てのご通知

---

1) 株主が多数いる会社等においては、株主の変動がある場合に備えて、株式の割当てを受ける権利を与える株主を確定するために、基準日を設定するべき場合があります。基準日については第2章Q6のとおりです。
2) 新株式の発行に伴い払い込まれる額はすべて資本金となるのが原則ですが（445条1項）、払い込まれる金額の2分の1までは資本金とせず資本準備金とすることができます（445条2項、3項）。

拝啓

　早春の候、ますますご健勝のこととお慶び申し上げます。平素は格別のご高配を賜り、厚く御礼申し上げます。

　さて、平成〇〇年〇月〇日付取締役会の決議により、貴殿に対して以下の通り株式の割当てを行うこととなりましたので、会社法第202条第4項及び第203条第1項の規定に基づきご通知申し上げます。

　つきましては、同封の申込書に必要事項をご記載いただきましたうえ、申込証拠金とともに当社までお持ち下さい。

　なお、下記に記載いたしました申込期日までに株式引受申込書のご提出及び申込証拠金のお支払いがなされない場合には、会社法第204条第4項の規定により、貴殿の株式の割当てを受ける権利は当然に消滅することとなりますのでご注意下さい。

敬　具

記

1．発行する新株式の数
　　100株
2．発行する新株式の払込金額
　　1株あたり金5万円
3．当社の発行可能株式総数
　　500株
4．譲渡制限
　　当社の発行する全部の株式については、譲渡による当該株式の取得について当社の承認を要します。
5．相続人等に対する売渡しの請求
　　当社定款第〇条には、相続その他の一般承継により当社の株式を取得した者に対し、当該株式を当社に売り渡すことを請求できる旨の規定が定められております。
6．申込証拠金
　　株式引受申込書提出時に払込金額と同額の申込証拠金をお支払いただきます。申込証拠金は払込期日に払込金として充当いたします。但し、申込証拠金に対しては利息を付しません。
7．払込期日
　　平成〇〇年〇月〇日
8．増加する資本金及び資本準備金に関する事項

払込金額のうち資本金とせず資本準備金に組入れるのは1株につき金2万円です。
 9．貴殿が割当てを受ける株式の数
　　　20株
 10．申込みの期日
　　　平成〇〇年〇月〇日
 11．申込み及び払込みの取扱場所
　　　当社本店営業部
　　　東京都〇〇区〇〇〇〇

　　　　　　　　　　　　　　　　　　　　　　　　　　　　以　上

　このような通知に以下の例のような株式引受申込書を同封し、株主から申込証拠金とともにその申込書を提出してもらうのが一般的です（203条2項）。

書式3■新株引受申込書例

　　ルーチェ株式会社　代表取締役　X　様
　　　　　　　　　　　　　　　　　　　　　　平成〇〇年〇月〇日
　　　　　　　　　　株式引受申込書

　　貴社の平成〇〇年〇月〇日付「新株式割当てのご通知」記載の条件に従い、以下の金額の申込証拠金を添えて、新株式の引受けの申込をいたします。

　　引き受ける株式の数：　　　　　株

　　申込証拠金の額　：金　　　　円（1株あたり金5万円）

　　　　　　　　　　住所：
　　　　　　　　　　氏名：　　　　　　　　　　　　　印

　申込期日までに株式引受申込書の提出を受け、払込期日までに払込金額の払込みを受けた場合には（通常は上記の例のように株式引受申込書とともに申込

21・新株の発行はどうやって行うの？　149

証拠金の支払いを要求し、同証拠金の支払いがあって初めて株式引受申込があったものとして取り扱います）。その後、払込期日に申込証拠金を払込として振り替えます）、払込期日をもって新たな株式が発行されたこととなります（209条1項）[3]。

なお、申込期日までに申込みが行われないときは（申込証拠金を要求するときは証拠金の支払いが行われない場合を含む）、新株の割当てを受ける権利は当然に消滅することとなります（204条4項）。また、払込期日までに払込みをしない者も当然に新株主の株主となる権利を失うことになります（208条5項）。

第三者に対して発行する場合の募集事項等の決定はどのように行うの？

ルーチェ株式会社のように、特定の第三者に株式を引き受けてもらう場合には、その特定の第三者に発行する株式のすべてを引き受けてもらう契約を締結するのが通常ですので（第三者が複数いて、それらの者がすべての新株を引き受ける場合も含みます）、それを前提にして解説します（205条）。

新株式を第三者に発行する場合の募集事項等の決定については、株主総会の特別決議が必要とされています（199条2項、309条2項5号）。

株主総会の特別決議によって定めるのは、以下の事項です。ただし、例外的に、株主総会の特別決議により発行する株式数の上限と払込金額の下限のみ定めておけば、その他の事項については取締役会に委任することができます（200条1項）。

なお、②の金額が新株式を引き受ける第三者に特に有利な金額である場合には、上記の株主総会において、そのような有利な金額で新株発行をすることを必要とする理由を説明することとされています（199条3項）。

---

[3] 払込期日ではなく、払込期間を定めた場合には、払込みをした日に新たな株式が発行されたものとして取り扱われます（209条2号）。

① 発行する株式の数（199条1項1号）
② 発行する株式の金額またはその算定方法（199条1項2号）
③ 新株と引換えにする払込みの期日または期間（199条1項4号）
④ 増加する資本金および資本準備金に関する事項（199条1項5号）

この決議を行った場合の株主総会議事録の一例はこのようになります。

書式4■ 新株発行に関する株主総会議事録例（抜粋）

第1号議案　新株式発行について
　議長から、以下の通り新株式を発行したい旨の提案があり、議長がその賛否を諮ったところ、満場一致をもって承認可決した。

1．発行する新株式の数
　　100株
2．発行する新株式の払込金額
　　1株あたり金5万円
3．払込期日
　　平成〇〇年〇月〇日
4．増加する資本金及び資本準備金に関する事項
　　払込金額のうち資本金とせず資本準備金に組入れるのは1株につき金2万円である。

　その後、払込期日までに払込金額の払込みを受けます。新たな株式が発行されることとなる時期や払込みがなかった場合の取扱いについては、新株を株主に対して平等に発行する場合と同様です。払込期日をもって新たな株式が発行されたこととなります（209条1項）。

新株発行後の手続は？

　上記の手続により、株式を発行したときは、株主名簿の記載を変更することとなります（132条1項1号）。また、株券発行会社の場合には遅滞なく株券

を発行することになります（215条1項）。

　さらには、株式の発行が効力をもちますと、発行済株式総数や資本金の額について変更が生じますので、効力発生から2週間以内に変更登記を行う必要があります（915条1項、911条3項）。

Q.22

株式発行を差し止められたり、株式発行が無効となる場合とは？

■X社長からの質問

　私のことをよく思っていない取締役のA専務は当社株式を5％もつ株主でもあります。私は、A専務の株主としての発言権をできるだけ小さくしたいので、息子のYに発行済株式と同数の株式を発行して、A専務の持分を減らそうと思っています。すると、この話を聞きつけたA専務が、そのような新株発行は無効だから差し止めると言い始めており、どうしたものかと思っています。今後、どのようなことが起こる可能性があるのでしょうか。

違法な株式発行に対する制度には、どのようなものがありますか？

　違法な株式発行に対する制度としては、大きく分けて2つがあります。一つは、違法に株式が発行されようとしているときに、その差止めを裁判所に対して求める制度（差止請求）、もう一つは、違法に株式が発行されてしまった後で、その株式発行が無効であることを裁判所に認めてもらう制度です（無効の訴え）[1]。

---

[1] 無効の訴えに似た制度として、新株発行等の不存在の確認の訴えという制度があります（829条）。これは、新株を発行した実体がないにも関わらず、新株を発行したかのような登記だけが残されているというようなケースの場合に用いられる制度です。また、違法な新株発行が行われた場合に、新株を引き受けた者や取締役が損害賠償等の支払いを求められる場合があります（212条、423条1項等）。

差止請求の対象となるのはどのような場合ですか？

　差止請求の対象としては、以下の二つがあります。いずれの場合にも、新株発行によって、株主が不利益を受けるおそれがあることが必要になります（210条）。
　①　新株発行が法令または定款に違反する場合
　②　新株発行が著しく不公正な方法により行われる場合
　①に該当するケースは、たとえば、第5章Q21のとおり、新株を発行するためには株主総会の特別決議や取締役会決議等が必要になりますが、この決議を経ないで新株を発行しようとしている場合です。
　X社長の場合も、法律に定められた手続を無視して新株を発行しようとすれば、原則として、差止請求の対象になってしまうことになります。
　次に、②新株発行が著しく不公正な方法により行われる場合とは、どのような場合をいうのでしょうか。典型的には、X社長の場合のように、新株を発行して資金を調達する必要性がないにも関わらず、特定の者に多数の新株を発行して、他の株主の持株比率を下げようとするケースです。ルーチェ株式会社のような非公開会社においては、とりわけ個々の株主の持株比率は重要です。それだけに、支配権争いの一環として新株発行を行うと、差止請求の対象となる可能性があるわけです[2]。

差止請求の手続はどのようなものですか？

　差止請求を行うことができるのは、会社の株主です（210条）。これは、差止請求が、新株発行によって株主が不利益を受けるのを防ぐために認められている制度だからです。
　そして、差止請求は、配達証明付内容証明郵便を会社に送付して行使する

---

[2]　新株発行の動機の一つに他の株主の持株比率を下げることがある場合でも、同時に資金調達の必要性があって、新株発行を行うケースもあります。過去の裁判例においては、このような様々な動機のうち、他の株主の持株比率を下げる等の不当な目的が他の正当な目的よりも優越している場合に、差止めを認めるという考え方が有力です。このような考え方を「主要目的ルール」と呼びます。

方法もありえますが、会社がそのような請求に応じてくれる保証はありませんし、いったん株式が発行されてしまえば、後は無効の訴えを起こすしかなくなってしまいます。また、後述のとおり、無効の訴えが認められる対象は、差止請求の場合に比べて狭いものとなっています。

　そこで、会社に対して新株発行等の差止めを求めて、裁判所に仮処分の申請を行うのが一般的です。本来は差止めを求めて訴訟を提起するのが筋なのですが、訴訟には時間がかかりますので、その間に株式が発行されてしまうおそれがあります。そこで、短時間の審理で「仮に」処分を下してくれる仮処分手続を行うのです。

差止めが認められると、どのような効果があるのですか？

　差止めが認められた場合には、普通の会社であれば、裁判所から命令を受けた以上は新株の発行を中止することになるでしょう。もし、命令を無視してまで新株を発行した場合には、その新株発行は当然に無効になるわけではありません。後述する新株発行の無効の訴えを提起して、裁判所にその新株発行が無効であることを確認してもらう必要があります。裁判所は仮処分の命令を無視して強行された新株発行を無効と認めています（最高裁平成5年12月16日判決）。

無効の訴えの対象となるのはどのような場合ですか？

　無効の訴えの対象となる場合はどのようなものなのかについては会社法に明確に規定されているわけではありません。裁判所が新株発行の無効を認める場合というのは、先ほどの差止請求の場合よりも狭いものとなっています。これは、いったん新株が発行されると、その株式が第三者に譲渡されることがありえますし、新株発行に伴う増資を前提に取引が進行することもあるため、その新株発行が後から無効だったということになると、混乱を引き起こすので、無効となる場合を狭く解釈しているのです。

たとえば、新株発行が著しく不公正な方法により行われた場合であっても、その新株発行は無効にはならないものとされています（最高裁平成6年7月14日判決。ただし、前述のとおり、仮処分命令を無視して強行された場合に対しては裁判所も無効であることを認めています）。また、新株発行を行う過程で単なる手続上の法令違反があるにすぎない場合も、原則として無効にはならないとする見解が強いようです。

一方で、無効になる場合としては、発行可能株式総数を超える新株発行や、定款に定めのない種類の株式の発行などがあげられます。また、ルーチェ株式会社のような非公開会社においては、株主総会の特別決議が必要な場合に、特別決議を経ずにした新株発行は無効であるとする見解が多いようです。

無効の訴えの手続はどのようなものですか？

無効の訴えは、その名のとおり、訴訟により行うことになります。訴訟以外の方法で無効を主張することはできません（828条1項2号）。

原告になることができるのは、会社の株主、取締役、清算人、監査役（会計監査に限定されている監査役を除く）です（828条2項2号）。被告は会社になります（834条2号）。

注意しなければならないのは提訴することのできる期間が制限されていることです。

ルーチェ株式会社のような非公開会社では、株式発行の効力が生じた日から1年以内とされています（それ以外の会社では6か月以内。828条1項2号）。

無効であることが認められると、どのような効果があるのですか？

裁判所によって、新株発行が無効であることが認められ、その判決が確定しますと[3]、その新株発行は将来に向かって効力を失うことになります（839条）。過去に遡って効力を失うわけではありませんので、すでに行われた議

---

[3] 判決の効力は原告と被告だけではなく、第三者にも及ぶこととされています（838条）。

決権の行使や配当は効力を失いません。

　会社は無効となった新株発行に伴って払込みを受けていたわけですから、払込みを受けた金額は、新株発行を無効とした判決が確定したときの「株主」に返還することになります。この返還にあたっては、株券発行会社の場合は、株券の返還と引換えに行うことになります（840条1項）。

　また、発行済株式総数が減少することになりますので、変更の登記を行う必要があります（915条1項、911条3項9号）。一方で、新株発行が無効とされても、資本金の額は減少しないことに注意が必要です（会社計算規則48条2項1号）。

Q.23

株券は発行しなければならないの？

■Y副社長からの質問

　私は、オヤジがしっかりしているうちに、徐々にオヤジの株式を譲ってもらおうと思っています。オヤジもいい考えだと言ってくれたので、オヤジと一緒に弁護士さんのところへ法律相談に行きました。すると、弁護士さんに、株式をきちんとした形で譲るのであればオヤジから株券を受け取る必要があると言われました。そんなことを言われてもうちの会社は設立した当時から株券なんて発行していないようです。また、うちの会社の定款には株券を発行するなんて一言も書いてありません。株券を発行するなんて面倒くさいことをする必要があるのでしょうか。株券を発行しないとどんな影響が出てくるのでしょうか。

株券発行会社と株券不発行会社はどのように区別されるの？

　会社法では、株券を発行しない会社（株券不発行会社）が原則となり、例外的に株券を発行する場合には、その旨を定款に記載することとなりました（株券発行会社、214条）。

　会社法が施行された時（平成18年5月1日）に存続する株式会社のうち、定款に株券を発行しない旨の定めがない株式会社については、定款に株券を発行する旨の定めがあるものとみなされます（整備法76条4項）。ですから、会社法施行前に株券不発行会社に移行していたといった事情がなければ、現在は株券発行会社となっていることになります。

株券不発行会社になるための手続は？

　株券発行会社のままですと、後述のとおり、株主から請求があれば株券を発行する手間がかかりますし、株券を発行しないままでいると株式を譲渡する場合に、その有効性に疑問が生じる場合もありえます。ですから、株券不発行会社に移行することも検討に値します。

　株券不発行会社に移行するための手続は以下のとおりです（218条）。
①株主総会の特別決議により株券を発行する旨の定款規定を削除する。
②定款変更の効力が生じる２週間前までに以下の事項を公告したうえ、株主・登録質権者に個別に通知する[1]。
　・株券を発行する旨の定款の定めを廃止する旨
　・当該定款変更の効力発生日
　・当該効力発生日に株券は無効となる旨

書式１■株券発行の旨の定款を変更する場合の株主総会議事録の記載例（抜粋）

　第１号議案　定款一部変更の件
　　議長は、「会社法の施行に伴う関係法律の整備等に関する法律」第76条第４項の規定により、当会社の定款には、当会社は株式に係る株券を発行する旨の定めがある旨みなされているところ、当会社は株券を発行しないこととするため、以下の日程にて上記規定を廃止し定款を変更したい旨述べ、その可否について議場に諮ったところ、満場一致をもって可決承認された。

　（株券を発行する旨の定款の定めを廃止する日程）
　(1)　臨時株主総会決議日　平成〇〇年〇月〇日
　(2)　公告日　　　　　　　平成〇〇年〇月〇日（予定）
　(3)　効力発生日　　　　　平成〇〇年〇月〇日（予定）

---

[1] 株券を一切発行していない場合には、通知または公告のいずれか一方でよいこととされています（218条３項、４項）。

書式2■株券不発行制度移行の通知例

平成○○年○月○日

株 主 各 位

ルーチェ株式会社
代表取締役　X

株券不発行制度への移行についてのご通知

拝啓
　早春の候、ますますご健勝のこととお慶び申し上げます。平素は格別のご高配を賜り、厚く御礼申し上げます。
　さて、当会社の定款には、「会社法の施行に伴う関係法律の整備等に関する法律」第76条第4項の規定により、当会社は株式に係る株券を発行する旨の定めがある旨みなされておりましたが、平成○○年○月○日付臨時株主総会決議により、同みなし規定は削除し、当会社は株券を発行しないこととなりましたので、会社法第218条の規定に基づき、貴殿にご通知申し上げます。なお、上記定款変更の効力発生日は平成○○年○月○日であり、同日をもって株券は無効となります。

敬　具

書式3■株券不発行制度移行の公告例

株券不発行制度への移行に関する公告

　当会社の定款には、「会社法の施行に伴う関係法律の整備等に関する法律」第76条第4項の規定により、当会社は株式に係る株券を発行する旨の定めがある旨みなされておりましたが、平成○○年○月○日付臨時株主総会決議により、同みなし規定は削除し、当会社は株券を発行しないこととなりましたので公告します。なお、上記定款変更の効力発生日は平成○○年○月○日であり、同日をもって株券は無効となります。

　　　　　　　　　　　　　　平成○○年○月○日
　　　　　　　　　　　　　　東京都○○区○○○○
　　　　　　　　　　　　　　ルーチェ株式会社
　　　　　　　　　　　　　　代表取締役　X

株券発行会社では必ず株券を発行しなければならないの？

　株券発行会社は、株式を発行したときは、「遅滞なく」、当該株式について株券を発行しなければならないと定められています（215条1項）。

　ただし、ルーチェ株式会社のような非公開会社においては、株主から請求があるときまで株券を発行しないでおくことも許されています（215条4項）。また、株主が株券の所持を希望しないと会社に申し出たときは、株券を発行することはできません[2]（217条）。

　ですから、株主から株券を発行するように請求があれば、株券を発行しなくてはなりません。種類株式を発行していない株式会社における株券の例は以下のとおりです。なお、旧商法とは異なり、株主の氏名を株券に記載する必要はありません。また、株式はすべて無額面株式とされていますので、額面も記載しません。

書式4■株券の例（抜粋）

```
            ルーチェ株式会社100株券

                                    第A－001号

  当株券に係る株式の譲渡による取得については、当会社の承認を要します。

  平成○○年○月○日

                          〒○○○-○○○○
                          東京都○○区○○○○
                          ルーチェ株式会社
                          代表取締役　X　印
```

---

[2] すでに株券が発行されている株式について、株券の所持を希望しない旨の申出をするときには、その株券を提出しなければならないこととされています（217条2項）。また、株券の所持を希望しない旨の申出がなされたときは、株主名簿に株券を発行しない旨の記載を行うことになります（217条3項）。

株券発行会社の株式を譲渡するためには どのような手続を踏むのですか？

　株券発行会社の株式を譲渡するには、株券を交付しなければ、譲渡の効力が発生しないものとされています（128条1項)[3]。

　ですから、株券が手元にあれば、株券を買主に交付する必要がありますし、株券がいまだに発行されていないということであれば会社に株券を発行してもらった上で、その株券を買主に交付する必要があります。

　ただ、株主が会社に対して株券の発行を請求しても、会社が株券を発行してくれない場合がありえます。このような例外的な場合には、株券の交付がなくても、当事者間の合意だけで株式を有効に譲渡できるものと考えられています。

　なお、ルーチェ株式会社は非公開会社ですので、譲渡承認をとることが必要になるほか、譲渡を会社に対しても認めさせるには名義書換の手続が必要となりますが、この点については第6章Q26、Q27で詳しく解説します。

株券不発行会社の株式を譲渡するためには どのような手続を踏むのですか？

　株券不発行会社の株式には、そもそも株券が存在しないわけですから、譲渡するという合意が譲渡人と譲受人との間で存在すれば、それだけで譲渡の効力が発生します。

　なお、ルーチェ株式会社は非公開会社ですので、譲渡承認の手続を行うことが必要になるほか、譲渡を会社や第三者に対しても認めさせるには名義書換の手続が必要となります。この点についても同様に第6章Q26、Q27で詳しく解説します。

---

[3]　株式が譲渡ではなく、相続や合併などの一般承継によって移転した場合には、株券の交付がなくとも権利移転の効力が発生します。

Q.24

株式を担保にした融資

■B常務からの質問

　このことは社長には秘密にしておいてほしいんです。じつは、私は、とある金融業者から個人的に借金をしています。その金融業者とは長い付き合いなのですが、私も年なものですから、その金融業者はゆくゆくの返済について心配しているようで、次回の借換えの時には私が所有している当社の株式を担保に取りたいというのです。株式を担保にする場合にはどのような手続が必要となるのでしょうか。

株式を担保にする方法にはどのような種類があるのですか？

　会社法に明文のあるものとして、株式に質権を設定する方法があり（146条1項）、これを株式の質入といいます。
　そして、会社法には規定はありませんが、後述するように株式に譲渡担保を設定する方法もあります。

株式の質入の手続について教えてください

　質権とは、債権者が債権の担保として債務者（または第三者）から受け取った物を債務の弁済を受けるまで留置し、弁済がないときには他の債権者に優先してこれから弁済を受けることができる担保権をいいます。
　株式の質入には、登録質と略式質があります。登録質とは、株式に設定された質権について株主名簿上に記載・記録されるものであり、略式質とは、これらの記載・記録がなされないものです。これらの質権を設定するための

要件は、株券発行会社かそうでないかにより異なります。

　まず、株券発行会社においては、登録質、略式質ともに、債権者と株主との間でその保有する株式に質権を設定する合意があり、かつ株券を債権者に交付することにより成立し（146条2項）、株券の占有継続が対抗要件となります（147条2項）。さらに、登録質とするためには、質権設定者は会社に対し、株主名簿に質権者の氏名または名称・住所および質権の目的である株式を記載・記録するよう請求しなければなりません（148条）。

　なお、後述するように、登録質は、略式質と異なった保護を受けることが可能となります。これに対し、株券不発行会社においては、振替株式を除き、略式質の設定が認められず、登録質のみ設定できることになります。この場合、質権成立は、当事者間での合意のみで成立し、株主名簿への記載・記録が対抗要件となります。すなわち、質権の対抗要件を備えることが、登録株式質権者となることを意味します（147条1項、149条）。

　下記はこれらの説明を図式化したものです。

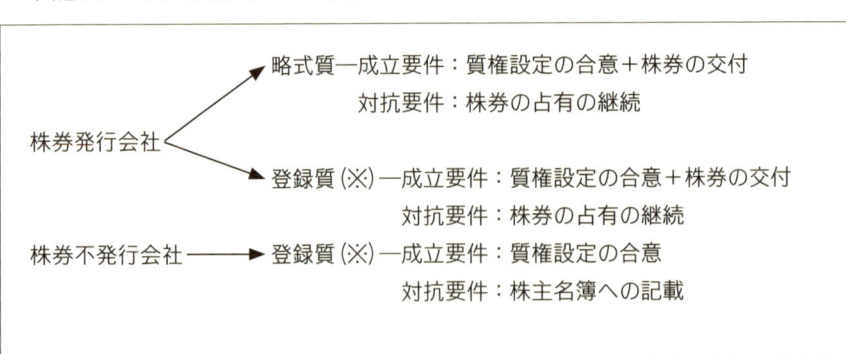

```
                  ┌→ 略式質─成立要件：質権設定の合意＋株券の交付
                  │         対抗要件：株券の占有の継続
株券発行会社 ─────┤
                  └→ 登録質（※）─成立要件：質権設定の合意＋株券の交付
                                   対抗要件：株券の占有の継続

株券不発行会社 ──→ 登録質（※）─成立要件：質権設定の合意
                                 対抗要件：株主名簿への記載
```

※株券発行会社であるかを問わず、登録質においては、質権設定者は会社に株主名簿に質権者の氏名・名称・住所および質権の目的である株式を記載・記録するよう請求することが必要

　このように、株式の質入には、略式質と登録質がありますが、実務では、設定者が担保権が設定されたことが会社に知れることを望まないため、登録質は通常行われていません。たしかに、ルーチェ株式会社は株券発行会社であり、略式質、登録質いずれも可能ですが、B常務としては、金融業者から

借りていることを会社に知られたくないということですから、略式質の方法をとらざるをえないことになります。

　もっとも、株券発行会社における略式質においては、株券の交付が質権の成立要件であり、株券の占有の継続が対抗要件となります。ルーチェ株式会社のような非公開の中小企業の場合には、株券発行会社であるにもかかわらず、現実に株券を発行していない場合が多いのが実情です。そのような場合には、B常務は会社に対し、株券の発行を要求しなければなりませんので（215条）、その際に会社に事情が知られてしまうおそれがあります。

質権設定の効果はどこまで及びますか？

　株式に質権を設定した場合には、会社が行う①取得請求権付株式の取得、②取得条項付株式の取得、③全部取得条項付種類株式の取得、④株式の併合、⑤株式の分割、⑥株式の無償割当、⑦新株予約権の無償割当、⑧剰余金の配当、⑨残余財産の分配、⑩組織変更、⑪合併（会社が消滅会社となる場合）、⑫株式交換、⑬株式移転、⑭株式の取得で①～③の行為による取得以外のもの、により株主が受けることができる金銭その他の財産についても質権が及びます（151条）。

　そして、登録質の場合には、株券不発行会社においては①～③および⑥の行為により株主が受ける株式について、会社がその質権者の氏名等を株主名簿に記載・記録し（152条1項）、株券発行会社では、株主が受ける株式にかかる株券をその質権者に引き渡さなければなりません（153条1項）。④の株式の併合、⑤株式の分割についても同様です（152条2項、3項、153条2項、3項）。

　また、登録質の場合には、登録質権者は①～⑭の行為により株主が受けることができるもののうち、金銭については直接に受領し、他の債権者に先立ち自己の弁済にあてることができます（154条1項）。

　このように登録質については①～⑭の行為が行われた場合の規定がありますが、略式質の場合には規定がありません。したがって、目的物が質権設定者に支払われまたは引き渡される前に、質権者は差押えをする必要があります

す（民法362条2項、350条、304条1項但書）。

　本質問でいうと、もし、B常務の有する株式に登録質を設定していると、会社の①〜⑭の行為によりB常務が受けうる金銭等を質権の対象とすることができるうえ、金銭については容易に自己の債権の弁済にあてることができますが、略式質の場合には、裁判所に対し差押えの手続を取らなければなりません。

弁済をしなかった場合には、どのようになりますか？

　もし、債務者が弁済をしなかった場合には、質権者は、民事執行法の手続に従い株式または株券の競売等を求める（民事執行法190条および193条）等により、株式の売却代金等から他の債権者より優先して弁済を受けることができます。

　この場合、株式を競落等した人が新たな株主となりますので、会社に対し、譲渡承認を求めるとともに、株主名簿の名義書換を請求することとなります。

　したがって、B常務は金融業者からの借入れをきちんと返さないと、B常務が金融業者から借入れをし、株式を担保にしていたこと、債務を弁済できずに株式が競売になったことが会社に知られてしまうことになります。

譲渡担保を設定する場合の手続と
その効果について教えてください

　譲渡担保とは、債務者または第三者に属する所有権その他の財産権を債権者に形式的に譲渡し、債務が弁済されたらその権利は設定者に復帰しますが、債務を弁済できなかった場合には、その財産を売却するとか、担保権者に確定的に権利が帰属することとして、これによって債務は弁済されたものとするという形式の担保をいいます。

　譲渡担保については、質権と異なり、会社法に規定はありませんが、実務上認められた債権担保の一方法です。

　譲渡担保の場合にも、株券発行会社か否かにより要件が異なります。

　株券不発行会社の場合、当事者の譲渡担保設定の合意のみで成立しますが、

株券発行会社の場合には、譲渡担保設定の合意のみならず、株券の交付が必要となります（128条）。

そして、対抗要件については、株券不発行会社の場合は、譲渡担保権者の氏名または名称および住所を株主名簿に記載・記録することが、会社および第三者に対する対抗要件となります（130条1項）。これに対し、株券発行会社においては、株主名簿への記載・記録が会社への対抗要件となり（130条2項参照）、それ以外の第三者との間では株券の引渡しが対抗要件となります。

```
株券発行会社  ───▶  成立要件：譲渡担保設定の合意＋株券の交付
                   対抗要件：株券の引渡し＋株主名簿の名義書換

株券不発行会社 ───▶  成立要件：譲渡担保設定の合意
                   対抗要件：株主名簿の名義書換
```

Q.25

剰余金の配当

■X社長からの質問

じつは当社は毎年それなりの利益をあげております。これまではその利益を社内で留保して工場を拡張したり、新しい機械を購入したりして、当社が成長するように投資してきましたし、株主もそのような方針に納得してくれておりました。ただ、長男Y副社長のことで株主のA専務は当社の方針に不満をもつようになっており、当社の利益についても、当社は円熟期に入っているのだから社内留保する理由はない、配当すべきなんじゃないのかと私に言い始めているのです。そんなことを言われても当社はこれまで配当などしたことがありませんし、どのような手続で行えばいいのかもわかりません。商法が会社法に変わって、配当についても改正されたとかいう話も聞きます。配当のことを詳しく説明してもらえないでしょうか。

剰余金の配当とは？

　剰余金の配当とは、株式会社が株主に対して行う配当のことをいいます（453条）。商法の時代には、これを「利益配当」といいましたが、会社法では、株主に対する配当は、「剰余金の配当」ということになりました。
　これは、配当に使う原資は利益に限られておらず、「その他資本剰余金」からの配当もありえたので、「利益の配当」というのはおかしいということから、会社法では、「剰余金の配当」というようになりました。
　なお、会社法454条3項は、株主に対する配当財産の割当てに関する事項についての定めは、株主の有する株式の数に応じて配当財産を割り当てるこ

とを内容とするものでなければならないと定め、株式の取得時期にかかわらず、株主の有する株式数に応じて配当しなければならないことになりました。したがって、商法時代にみられた「日割配当」が認められず、新株予約権の発行要領等でみられた配当起算日の定めは不要となりました。

商法から会社法になって配当についてはどう変わったの？

商法から会社法になって配当について変わった主な点は下記のとおりです。

①回数制限の撤廃

商法の時代においては、定時株主総会で計算書類の承認をすると同時に利益配当をするために原則として年1回、中間配当を行う場合でも年2回に配当が制限されていました。これに対し、会社法においては、定時株主総会のみならず臨時株主総会でも剰余金の配当の決議をすることができるようになり、配当の回数制限が撤廃されました。

②現物配当

現物配当というのは、金銭以外の財産を配当により株主に交付することです。会社法では現物配当が可能であることが明記されました。現物配当をする場合においては、株主に対して金銭分配請求権（当該配当財産に代えて金銭を交付することを株式会社に対して請求する権利）を与える場合を除き、株主総会の特別決議が必要です。

③純資産額規制

会社法になって、純資産額が300万円以内の場合には、剰余金の配当ができないという規制が新たに設けられました（458条）。

配当をする場合の手続について教えてください

1 決定機関について

(1) 原　則

剰余金の配当の決定は、原則として、「株主総会の普通決議」で行います（454条1項、309条1項）。

(2) 剰余金配当の特例―決議機関の特則

　一定の要件を満たす場合には、「取締役会決議」により決定ができます（459条1項）。この一定の要件とは、①監査役会および会計監査人を置く株式会社、または、委員会設置会社であること、②取締役の任期が1年を超えないこと[1]、③剰余金の配当等を取締役会が決定する旨の定款の定めがあることです。

　この場合、一般的には下記のような定款の規定を置きます。

書式1■剰余金の配当等を取締役会が決定する旨の定款例（抜粋）

> （剰余金配当等の決定機関）
> 第○条　当会社は、剰余金の配当等会社法第459条第1項各号に定める事項については、法令に別段の定めのある場合を除き、株主総会の決議によらず取締役会の決議によって定める。

　ただし、このような定款の効力が認められるためには、最終事業年度にかかる計算書類に関して下記のa～dの要件を満たす必要があります（会社計算規則183条）。

> a　無限定適正意見を含む会計監査報告であること
> b　監査役会（監査委員会）の監査報告において会計監査人の監査の方法および結果について不相当意見がないこと
> c　上記監査報告に不相当意見を含む意見付記がなされていないこと
> d　期限途過によるみなし監査となっていないこと

(3) 中間配当について

　取締役会設置会社においては、定款に定めがあれば、一事業年度に1回に限り取締役会決議によって剰余金の配当（配当財産は金銭に限られ、現物配当は

---

1) より細かく説明しますと、取締役の任期の末日が選任後1年以内に終了する事業年度のうち、最終のものに関する定時株主総会終結の日を超えないことが条件となります。

できません）を行うことができます。これを「中間配当」といいます（454条5項）。

　会社法においては、前述したように、回数制限なく「株主総会決議」により剰余金の配当ができますが、中間配当は、一事業年度に1回であるものの、「取締役会決議」でできるという、決定機関の特則として規定されています。

　中間配当を行う場合には、下記のような定款の定めを置くのが一般的です。

書式2■中間配当を行う旨の定款例（抜粋）

> （中間配当）
> 第〇条　当会社は、取締役会決議により、毎年〇月〇日を基準日として、同日の最終の株主名簿に記載又は記録された株主又は登録株式質権者に対し、会社法第454条第5項に定める中間配当を行うことができる。

2　配当を行う際に決議すべき事項

(1)　金銭配当の場合

　金銭配当を行う場合には、①配当財産の種類・帳簿価額の総額、②株主に対する配当財産の割当てに関する事項、③剰余金の配当の効力発生日について決議しなければなりません（454条1項）。

　すなわち、①については、金銭配当の場合、配当すべき剰余金の総額を、②については、1株あたり何円の配当であるかを、③については、配当の効力が生じる日を、それぞれ決議することとなります。

　なお、決議すべき内容そのものには含まれていませんが、配当については、株主の関心も高いことから、事業報告等に配当の方針を記載することも検討に値します。

　上記の剰余金分配の特例を採用している会社は、取締役会決議により剰余金の配当を行うかどうかに関わらず、事業報告において、配当方針等を開示します（会社法施行規則126条10号）。

　金銭配当の場合の議案例は下記のとおりです。

書式3 ■剰余金配当の場合の株主総会議案例（抜粋）

> 第○号議案　剰余金配当の件
> 　当社は、事業発展のための適切な内部留保を維持しつつ、株主の皆様への利益還元を実現するため、下記の要領で剰余金の配当をしたいと存じます。
>
> 　　　　　　　　　　　　　　　記
> 配当財産の種類及び帳簿価額の総額　　金銭　金〇〇〇〇〇〇〇円
> 株主に対する配当財産の割当てに関する事項
> 　　　平成〇〇年〇〇月〇〇日午後5時現在の株主名簿に記載された株主に対してその持ち株1株に対して金〇〇〇〇〇円
> 剰余金の配当の効力の発生日　平成〇〇年〇〇月〇〇日

(2)　現物配当の場合

　現物配当の場合には、金銭配当と同様に①配当財産の種類・帳簿価額の総額、②株主に対する配当財産の割当てに関する事項、③剰余金の配当の効力発生日について決議しなければなりませんが、これらに加えて④金銭分配請求権を与えるときは、その旨および金銭分配請求権を行使できる期間、⑤基準株式数未満の数の株式を有する株主に対して配当財産の割当てをしないときは、その旨およびその数を決議することとなります。ただし、④を決議しないときは、金銭分配請求権を与えないこととなり株主に不利益が生じるおそれがあるため、すでに述べたとおり株主総会特別決議が必要となります。

　なお、④の金銭分配請求権を認める場合には、行使期間の末日を、配当の効力が発生する日以前の日に設定した上（454条4項但書）、行使期間の末日の20日前までに株主に通知しなければならないことに注意が必要です（455条1項）。

　現物配当の場合の議案例は下記のとおりです。

書式4■現物配当の場合の株主総会議案例（抜粋）

> 第○号議案　剰余金配当の件
> 　当社は、…………………という理由から、下記の要領で剰余金の配当（現物配当）をいたしたいと存じます。
>
> 記
>
> 配当財産の種類及び帳簿価額の総額　○○株式会社普通株式　○○○株
> 　　　　　　　　　　　　　　　　　金○○○○○○○○円
> 株主に対する配当財産の割当てに関する事項
> 　平成○○年○○月○○日午後5時現在の株主名簿に記載された株主に対してその持ち株1株に対して○○株式会社普通株式○株を割当て交付する。
> 剰余金の配当の効力の発生日　平成○○年○○月○○日
> 　なお、上記配当財産に代えて金銭による配当を希望する株主の方は本株主総会終結時から平成○○年○○月○○日までの間、当社に対して金銭分配請求権を行使なさることができるものといたします。

剰余金の配当に関する役員の責任について教えてください

　剰余金の配当に関する役員の責任には、①配当制限違反の場合の責任と②欠損が生じた場合の期末の填補責任があります。

1　配当制限違反の場合の責任

(1)　配当制限とは？

　会社法では、剰余金の配当がその効力発生日の分配可能額を超えてはならないという配当制限の規定を設けています（461条1項8号）。これは、会社財産の不当な流出を防いで、会社債権者を保護するために置かれている規定です。なお、分配可能額をどのように算定すればよいのかについては、細かい計算が必要となりますので、ここでは省略します（461条2項）。

(2)　責任の類型

この分配可能額による配当制限に違反して剰余金の配当を行った場合の法的責任としては、民事責任（462条）と刑事責任（963条5項2号）がありますが、下記においては民事責任についてご説明いたします。

(3)　責任の主体

　分配可能額による配当制限に違反して剰余金の配当が行われた場合には、会社法462条1項に規定された者が責任を負います。すなわち、

　　a　剰余金の配当により金銭等の交付を受けた者
　　b　剰余金の配当に関する職務を行った業務執行者
　　c　剰余金の配当に関する事項の決定にかかる株主総会の決議があった場合における、当該株主総会にかかる総会議案提案取締役
　　d　剰余金の配当に関する事項の決定にかかる取締役会決議があった場合における、当該取締役会にかかる取締役会議案提案取締役

が責任を負います。

(4)　責任を負う額

　その場合の負うべき責任額は、「当該金銭等の交付を受けた者が交付を受けた金銭等の帳簿価額」となります。

(5)　過失の要否

　また、上記のa～dの者のうち、b～dの業務執行者および議案提案取締役はについては、過失がないことを証明したときは責任を免れることができますが（462条2項）、aの剰余金の配当により金銭等の交付を受けた者（株主）は、過失がない場合であっても責任を負わなければなりません[2]。

(6)　債権者の株主に対する直接請求権

　また、株式会社の債権者は金銭等の交付を受けた株主に対し、当該株主が交付を受けた金銭等の帳簿価額に相当する金銭を当該債権者が株式会社に対して有する債権額の範囲内で支払わせることができ（463条2項）、債権者が株主に対して直接に請求することが認められています。

---

[2]　ただし、上記のbからdまでの者が会社に対して責任を果たした場合には、それらの者は違法な配当であったことにつき知らなかった株主に対して、連帯責任の一部を負担するように請求すること（これを求償といいます）はできないこととされています（463条1項）。

2 欠損が生じた場合の責任（期末の填補責任）

　株式会社が剰余金の配当をした場合において、事後的に期末に分配可能額がマイナスになる事態が生じたときは、剰余金の配当に関する職務を行った業務執行者は株式会社に対して連帯して、当該マイナスの額と配当をした額のいずれか小さい額を支払わなければなりません（465条1項10号）。ただし、定時株主総会または計算書類を確定させた取締役会（剰余金の配当の決定機関が定款で取締役会となっている場合）において配当した場合は、期末の填補責任は免除されています（465条1項10号イ）。

　また、資本ないし準備金を減少した際の増加した剰余金の範囲において剰余金を配当した場合には、期末の填補責任は問われません（465条1項10号ロ、ハ）。

　結局、当該配当金額であれば、大丈夫と思って配当したら、その後業績が悪化などして期末には分配可能額がマイナスになれば、責任を問われるおそれがあります。ただし、これは過失責任ですので、業績悪化等が予想もできなかったというのであれば、過失がないということで責任を問われないこともありえます。いずれにしても配当する際には慎重に検討することが必要です。

情報管理

　皆さんは最近、「○○人分の顧客情報流出」とか「機密情報がネット上に流出」などという新聞記事やニュースが多くなっていると思いませんか？

　インターネットやパソコンが急速に発達・普及したことにより、情報の重要性はますます増しています。また、個人のプライバシーに対する意識も強まってきていますから、情報の管理体制に不備があり、情報流出等の事故を起こしてしまうと、社会的に強い非難を浴びるようになってきています。それだけではなく、情報の管理に不行届きがあると、法的な責任を問われることもあるので注意が必要です。

　たとえば、「個人情報の保護に関する法律」は、多くの事業者に対して、一定の範囲の個人情報について、「安全管理」のために必要かつ適切な措置を講じることを義務付けています（同法20条）。また、一定の範囲の個人情報について、あらかじめ本人の同意を得ないで第三者に提供することも禁じています（同法23条１項。ただし、例外があります）。このようなルールをきちんと守っていない場合には、行政機関から勧告や命令を受け（同法34条）、命令にも違反するような場合には刑事罰が課されることもありえます（同法56条）。また、情報漏えい等の事故が発生すれば、プライバシー権の侵害などを理由として損害賠償義務が発生することもあります。

　このように、情報管理を考えるにあたっては、法的な責任が発生することのないよう細心の注意を払う必要があります。一方で、このような責任を回避しようとするあまりに、情報管理が行き過ぎてしまい、業務に支障をきたしてしまうといった過剰反応も出ています。

　法は不可能を強いるものではありません。事業者の規模や業務のあり方、取り扱っている情報の性質などに合わせて、どのような情報管理を行うのが適切であり、実現可能なのかを考え、実践していくことが大切です。

（吉新　拓世）

第6章 株主への対応

- ▶会社設立時から株主はすべて知人や親族だけで変動はなく、人間関係としてもうまくやってきたので問題はないと考えている会社経営者の方は多いのではないでしょうか。
- ▶しかしながら、何がきっかけでその株主たる知人や親族たる株主との関係が悪化するかわからず、そうなった場合、その株主が譲渡制限株式を譲渡したいと会社に求めてくることや取締役に対し責任の追及を行ってくるようなことが考えられます。また、設立から数十年が経過すると、株主が死亡して相続が発生し、相続人が株主になるということもありますから、その場合のことも考えておかなければなりません。
- ▶そこで、この第6章では、このような場合の株主への対応について解説いたします。

Q.26

非公開会社における株式譲渡の方法

■X社長からの質問

　じつに困ったことが起きました。私もまったく知らなかったのですが、B常務は隠れて多額の借金をしていたようで、債務を整理するためにもっている資産をすべて売り払っているとのことです。そして、B常務がもっている当社の株式を、怪しげな金融業者が買い取ってくれるという話になっているようで、その金融業者に対する売却を認めてほしいとの話をもってきたのです。当社の株式には譲渡制限がついているので勝手に譲渡などできないと思うのですが、B常務は正式に譲渡承認するように請求すると言っています。そのような請求が行われた場合、どのような形で手続が進んでいくのでしょうか。なんとか金融業者に当社の株式が渡らないようにできないでしょうか。

譲渡制限株式でも譲渡できるのですか？

1　株式は自由に譲渡できるのが原則！

　ルーチェ株式会社の定款には、「当会社の株式の譲渡には、取締役会の承認を要する」と定められています。このように、定款によって株式の譲渡が制限されている場合、その株式を「譲渡制限株式」と呼びます（2条17号）。
　株主にとっては、会社の解散や剰余金分配等の場合を除けば、株式を譲渡する以外には投下資本を回収する方法がないため、株式は原則として自由に譲渡できるものとされています（127条）。けれども、ルーチェ株式会社のようないわゆる同族会社では、株主も親族などの人的信頼関係のある者に限定したいと考えることが一般的です。会社法は、そのような要請に応えるため

に、定款で定めることを条件として、例外的に株式の譲渡について会社の承諾を必要とすることを認めているのです（107条1項1号、同2項1号、108条1項4号、同2項4号）。

　譲渡を承認する機関については、取締役会設置会社においては取締役会の決議、それ以外の会社では株主総会の決議を要するとされています（139条1項本文）。ただし、定款に別段の定めをすることができますので（139条1項但書）、たとえば取締役会設置会社において株主総会を承認機関とすることも可能です。

2　譲渡制限株式を譲渡した場合の効力

　譲渡制限株式を譲り受けた者（株式取得者）は、会社の承認がないかぎり、株主名簿の名義書換を請求することができません（134条）。

　この会社の承認について、会社法は、株主に投下資本の回収を保証するために、譲渡制限株式を譲渡しようとする株主は、会社に対してその譲渡の承認を求めることができる旨を規定しています（株主からの譲渡承認請求。136条）。さらに会社が譲渡の承認をしない場合には、会社または会社が指定する買取人（これを「指定買取人」といいます。）による株式の買取りを求めることができるとしています（会社または指定買取人による買取請求。138条1号）。

　なお、譲渡制限株式が会社（取締役会）の承認を得ずに譲渡された場合の効力について、判例は、会社に対する関係では効力を生じないが、譲渡当事者、すなわち売主である株主と買主である株式取得者との間では有効だと判断しています（最高裁昭和48年6月15日判決）。そこで、事前に会社の承認を得ずに譲渡制限株式を取得した株式取得者も、譲渡承認請求や買取請求ができるとされています（137条、138条2号）。

　以下、非公開会社であるルーチェ株式会社（株式の譲渡に取締役会の承認を要します）の場合に、譲渡制限株式を譲渡する場合の手続をみていきましょう。

譲渡承認請求の手続を教えてください

　譲渡制限株式を譲渡したいと希望する株主、または譲渡制限株式を譲り受

けた株式取得者[1]（以下、「譲渡等承認請求者」といいます）は、会社に対して、その譲渡の承認を求めることができます（136条、137条1項）。

　譲渡の承認を請求する場合は、以下の事項を明らかにしなければなりません（138条）。

---

① 譲渡株式数
② 譲受人の氏名または名称
③ 会社が承認しない旨の決定をする場合に、会社または指定買取人が買い取ることを請求するときはその旨

　承認請求の方式については、特に定められていませんが、通常は、後日証拠になるように、次のような書面によって請求します。

書式1■株主（譲渡人）からの株式譲渡承認請求書例

　　　　　　　　　　　　　　　　　　　　　　　　　平成〇〇年〇月〇日

　ルーチェ株式会社　御中

　　　　　　　　　　　　　株式譲渡承認請求書

　今般、私は、私が所有する貴社株式を、下記のとおり譲渡することにいたしました。
　つきましては、会社法第136条に基づき、本書をもって、貴社取締役会の承認を請求いたします。

　　　　　　　　　　　　　　　　記

1　譲渡する株式の種類及び数
　　普通株式　3万株
2　譲渡する相手方
　　〇〇県〇〇市〇〇町〇〇〇番地

---

[1] 株式取得者からの承認請求は、利害関係人の利益を害するおそれがないものとして会社法施行規則24条に定める場合を除いて、株主として株主名簿に記載・記録された者（またはその一般承継人）と共同して承認請求することが必要です（137条2項）。

株式会社△×ローン

　　　　　　　　　　　　　　　　　　　　　　　　以　上

　　　　　　　　　　住所　東京都〇〇区〇〇町〇丁目〇番〇号

　　　　　　　　　　氏名　　Ｂ　　　　　　　　　印

　承認請求を受けた会社は、取締役会で株式譲渡を承認するか否かを決定して、その内容を請求者に通知しなければなりません（139条2項）。

　取締役会で譲渡を承認した場合、会社との関係でも株式譲渡の効力が発生することになります。

　また、承認請求の日から2週間[2]以内に承認をするか否かの通知をしなかった場合等会社が承認したものとみなされる場合（145条、会社法施行規則26条）がありますので、注意が必要です。

書式2■譲渡を承認する場合の取締役会議事録例（抜粋）

　　第1号議案　株式譲渡の承認について
　　　議長から、株主Ｂから次のとおり株式譲渡の承認請求が出されている旨を説明があり、議長がその賛否を諮ったところ全員異議なくこれを決議した。
　　(1)　譲渡人　東京都〇〇区〇〇町〇丁目〇番〇号
　　　　　　　　　　Ｂ
　　(2)　譲受人　〇〇県〇〇市〇〇町〇〇〇番地
　　　　　　　　株式会社△×ローン
　　(3)　株　数　普通株式　　3万株

---

2)　定款で短縮が可能です。

書式3■譲渡承認通知書例

平成〇〇年〇月〇日

B 殿

株式譲渡承認通知書

　貴殿より承認請求のありました下記の株式の譲渡につき、平成〇〇年〇月〇日開催の弊社取締役会において、これを承認する旨決議いたしましたので、通知いたします。

記

1　譲渡する株式の種類及び数
　　　普通株式　　3万株
2　譲渡する相手方
　　　〇〇県〇〇市〇〇町〇〇〇番地
　　　株式会社△×ローン

以　上

東京都〇〇区〇〇〇〇
ルーチェ株式会社
代表取締役　　　X　　　印

　以上に対し、取締役会で譲渡を承認しなかった場合、譲渡承認請求の際に会社または指定買取人による買取りが請求されていれば、次に説明する買取請求の手続が進められることになります（140条）。

買取請求とはどのようなものですか？また、その手続を教えてください

　株式譲渡の承認請求をする際、譲渡等承認請求者は、会社が承認しない場合に備えて、指定買取人がその株式を買い取ることを請求することができます（138条1号ハ、2号ハ）。これを会社または指定買取人による買取請求といいます。

会社の立場から表現すれば、買取請求がなされた場合には、会社は、株式譲渡の承認を拒否して、自ら株式を買い取るか、指定買取人に買い取らせることができるのです。

書式4■指定買取人（会社）による買取請求を含む株式譲渡承認請求書例（抜粋）

> 　　　　　　　　　　　　　　　　　　　　　　　平成〇〇年〇月〇日
>
> 　ルーチェ株式会社　御中
> 　　　　　　　　　　　株式譲渡承認請求書
>
> 　今般、私は、私が所有する貴社株式を、下記のとおり譲渡することにいたしました。つきましては、会社法第136条に基づき、本書をもって、貴社取締役会の承認を請求いたします。
> 　また、承認しない旨の決定をする場合には、御社又は会社法140条4項に規定する指定買取人が当該株式を買取るよう併せて請求致します。
> 　　　　　　　　　　　　　　　記

1　会社による買取り

　買取請求を受けた会社が、株式の譲渡を承認せずに自ら株式を買い取る場合には、株主総会で、対象株式を買い取る旨および対象株式の数を決議する必要があります（140条1項）。この決議は特別決議（第2章Q5）によらなければなりません（140条2項、309条2項1号）。

　このとき、原則として譲渡承認を請求する株主（質問の例ではB常務）は議決権を行使できません（140条3項）。また、買取価格について、会社は分配可能額の規制を受けますので（461条1項1号）、注意が必要です。

書式5 ■買取決議をした場合の株主総会議事録例（抜粋）

第〇号議案　自己株式取得の件
　当会社株主Bから当会社に対し、株式譲渡承認請求及び譲渡の相手方の指定請求があったため、取締役会としては、当該請求にかかる普通株式3万株を当社が買い取りたい旨、議長より説明がなされた。続いて議長は、その賛否を議場に諮ったところ、出席株主の議決権の3分の2以上の賛成があったので、可決確定した。

書式6 ■会社による株式買取通知書例

平成〇〇年〇月〇日

B　殿

通　知　書

　貴殿より承認請求のありました下記の株式の譲渡につき、平成〇〇年〇月〇日開催の弊社取締役会において、これを承認しない旨決議いたしました。
　つきましては、平成〇〇年〇月〇日開催の弊社株主総会において、下記の普通株式3万株を弊社が買い取る旨決議いたしましたので、通知いたします。

記

1　譲渡する株式の種類及び数
　　　　普通株式　　3万株
2　譲渡する相手方
　　　　〇〇県〇〇市〇〇町〇〇〇番地
　　　　株式会社△×ローン

以　上

東京都〇〇区〇〇〇〇
ルーチェ株式会社
代表取締役　　X　　　印

会社は、株主総会決議をした後、会社が買い取る旨および買取株式数を、譲渡等承認請求者に通知しなければなりません[3][4]（141条1項、142条1項）。会社がこの通知をすることによって、譲渡等承認請求者と会社との間で株式の譲渡（売買）契約が成立することになります。譲渡等請求権者は、いったん成立した売買契約を一方的に撤回ないし解除することができません（143条）。同様に、会社からも一方的に撤回することはできないと解されています。

　この場合、会社が、この通知を、譲渡を承認しない旨の通知の日から40日（定款で短縮可能）以内にしない場合、譲渡を承認する旨の決定をしたものとみなされます（145条2号）。

2　指定買取人による買取り

　買取請求を受けた会社は、株式の譲渡を承認せずに、取締役会決議によって[5]第三者を買取人として指定することができます（140条4項、5項）。また、事前に定款で指定買取人を指定しておくことも可能です（同条5項但書）。

　指定買取人は、買取買受人として指定を受けた旨および買取株式数を譲渡等承認請求者に通知しなければなりません[6][7]。

　指定買取人がこの通知をすると、譲渡等承認請求者と指定買取人との間で株式の譲渡（売買）契約が成立することになります。いったん成立した売買

---

3) 会社が当該通知をしようとする場合には、1株あたりの純資産額（会社法施行規則25条）に買取株式数を乗じた額を供託し、当該供託を証する書面を譲渡等承認請求者に交付しなければなりません（141条2項、142条2項）。
4) また、株券発行会社においては、譲渡等承認請求者は、上記供託を証する書面の交付を受けた日から1週間以内に対象株式にかかる株券を同じ供託所に供託し、会社に対し遅滞なくその通知をしなければならず（141条3項）、この期間内に供託をしなかった場合には会社は上記売買契約を解除することができます（141条4項）。
5) 取締役会非設置会社の場合には、株主総会決議が必要です。
6) 指定買取人が当該通知をしようとする場合には、1株あたりの純資産額（会社法施行規則25条）に買取株式数を乗じた額を供託し、供託を証する書面を交付しなければなりません（141条2項、142条2項）。
7) 株券発行会社の場合に、譲渡等承認請求者が一定期間内に株券の供託をし、その旨を指定買取人に通知しなければならないことおよび供託をしなかった場合には指定買取人は解除ができることは、会社による買取りの場合と同様です（142条3項、4項）。

契約を、たとえば裁判所が決定した価格（詳しくは後述）が予想外に高額だったなどという理由で、指定買取人が一方的に撤回することは認められないとした裁判例があります。譲渡等承認請求者が一方的に撤回できないことも、会社による買取りの場合と同様です（143条2項）。

　この場合、指定買取人が、この通知を、譲渡を承認しない旨の通知から10日以内にしない場合、会社が譲渡を承認する旨の決定をしたものとみなされます（145条2号）。

書式7■指定買取人による通知書例

平成〇〇年〇月〇日

　　B　殿

　　　　　　　　　　　　　通　知　書

　貴殿より承認請求のありました下記の株式の譲渡につき、平成〇〇年〇月〇日開催のルーチェ株式会社取締役会において、私が下記の普通株式3万株の買取人として指定を受けましたので、通知いたします。

　　　　　　　　　　　　　　　記

1　譲渡する株式の種類及び数
　　　普通株式　　3万株
2　譲渡する相手方
　　　〇〇県〇〇市〇〇町〇〇〇番地
　　　株式会社△×ローン

　　　　　　　　　　　　　　　　　　　　　　　以　上

　　　　　　　　　　　住所：

　　　　　　　　　　　氏名：　　　　　　　　　印

買取請求によって買取りが決まった場合、その価格はどのようにして決めるのですか？

　以上のような手続によって、会社または指定買取人と、譲渡株主との間で株式の売買契約が成立すると、その後、会社または指定買取人と譲渡等承認請求者との間で株式の売買価格について協議することになります（144条1項、7項）。

　もし、協議によって売買価格の合意ができない場合には、当事者は、会社・指定買取人からの通知があった日から20日以内に、裁判所に対し、売買価格の決定を申し立てることができます（144条2項、7項）。

　申立てを受けた裁判所は、一切の事情を考慮して売買価格を決定します（144条3項、7項）。その場合、ルーチェ株式会社のように、市場価格が明らかでない非上場会社の株式については、相続税の評価に用いられる「類似業種比準方式」「純資産方式」「配当還元方式」といわれる計算方法のいずれかによって評価することが多いようです。

　以上説明したとおりですから、本質問の例では、ルーチェ株式会社が譲渡承認請求を承認しなければ、B常務から金融業者に対する株式の譲渡は、会社との関係では効力を生じません。また、B常務が会社または指定買取人に対する買取請求を併せて行っている場合には、ルーチェ株式会社または同社が指定する者が対象株式を買い取ることにより、金融業者に株式が渡らないようにすることができます。なお、上述したとおり、一定期間内に通知を行わない場合等は譲渡を承認したものとみなされることがありますので、十分に注意が必要です。

Q.27

株主名簿って何ですか？

■ X社長からの質問

　私は私がもっている当社の株式を、長男Y副社長に少しずつ譲渡しようと考えており、弁護士さんに法律相談にのってもらいました。そのときに、弁護士さんからは株主名簿の書換えもきちんと行ってくださいねと釘を刺されてしまいました。そうはいっても、当社にはそもそも株主名簿なんてありません。株主名簿を作成しなければいけないのでしょうか。かりに株主名簿をつくるとしたら、長男Y副社長に株式を譲渡するにあたってどのような手続を踏むことになるのでしょうか。

株主名簿は作成しなければならないのですか？どのような内容を書けばよいのですか？

　株式会社は、株主名簿を作成し、株主とその持株に関する事項を記載または記録することが義務付けられています（121条）。小規模会社であろうと、閉鎖会社であろうと、例外はありません。
　したがって、ルーチェ株式会社も株主名簿を作成しなければなりません。株主名簿には、次の各事項を記載する必要があります。

---
① 株主の氏名・名称[1]および住所
② 株主の有する株式の種類および数
③ 株主が株式を取得した日
④ （株券発行会社では）株式（株券が発行されているものに限る）の番号

　株主名簿の様式は、特に定められていませんので、各項目を適宜記載すれ

ば足ります。たとえば、次のように記載します。

書式1■株主名簿の記載例（抜粋）

株主番号　No○

氏　　名	X				
住　　所	○○県○○市○○町○丁目○番○号				
名義書換年月日	譲渡人又は譲受人	種類	取得	譲渡	現在数
2006.9.2		普通	20,000		420,000
2007.6.17		普通	15,000		435,000
2008.3.25		普通	15,000		450,000

　作成した株主名簿は、株主が議決権を行使する際などに、会社に関する情報を取得できるように、会社の本店に備え置き、株主、債権者、親会社社員の請求があった場合には、閲覧等をさせなければなりません（125条）。株主名簿を備え置かなかったり、正当な理由がないのに株主の閲覧等の請求を拒んだりした場合には、刑事罰が科せられます（976条4号、8号）。

株主名簿にはどのような効力があるのですか？

　株券不発行会社・株券発行会社のいずれであるかによって、株主名簿の効力や名義書換の方法には差異が生じます。

1　株式移転の対抗要件

　株券不発行会社の場合、株式の譲渡は、当事者間では意思表示のみで効力が生じます[2]。ただし、株主名簿上の名義の書換えを行わなければ、会社に

---

1)　2人以上の者が株式を共有する場合には、権利行使者の氏名・名称も記載します（106条参照）。

対しても、第三者に対しても、権利の移転を主張（対抗）できません（130条1項）。なお、後述するとおり、株主名簿の名義書換は、原則として株主名簿上の株主と株式を買い受けた者（「株式取得者」といいます）とが共同して請求します（133条2項）。

一方、株券発行会社の場合、株式の譲渡には株券の交付が必要とされており（128条1項）、これによって第三者との関係では権利移転を対抗できることになります。これに対し、会社との関係では株主名簿上の名義書換を行わなければ、権利の移転を対抗できません（130条1項、2項）。

株券を占有する者は権利を適法に有すると推定されるので（131条1項）、株式取得者が株券を提示して名義書換を請求すれば、たとえその者が無権利者であっても、会社は無権利者であることを容易に立証できるような場合を除き、請求に応じたことについて責任を負いません（133条2項、会社法施行規則22条2項1号参照）。

2 株主の取扱いに関する免責

株券不発行会社の場合、株主名簿の名義書換がなされると、以後、株式譲受人は会社に対して株主としての権利を行使することができ、会社もその者を株主として取り扱う義務を負うことになります。ただし、無権利者が名義書換を受けた場合はこの限りではありません。

これに対し、株券発行会社の場合は、株主名簿の名義書換がなされた場合、会社は、名簿に株主として記載・記録された者を株主として扱えば、その者が無権利者であった場合も含めて免責されることになります[3]。

3 通知・催告に関する免責

株券不発行会社・株券発行会社いずれの場合にも、会社は、株主総会招集通知などの各種の通知や催告を、株主名簿に記載された住所に宛てて発送す

---

2) 振替株式については特別規定があります（社債株式振替法140条、141条）。
3) 会社が、株主名簿上の株主が無権利者であることにつき悪意・重過失ある場合には、免責が認められないとした裁判例があります。

れば、たとえ通知等が到達しなかったときでも、通常到達すべきであった時に到達したものとみなされます（126条1項、2項、5項）。通知や催告が5年以上継続して到達しなかった場合には、以後通知・催告は不要とされ、その場合、配当金の支払いなど当該株主に対する会社の義務の履行場所は、会社の住所地（本店所在地）になります（196条）。

株主名簿の名義書換は どのような手続で行うのですか？

1 株券不発行会社の場合

株券不発行会社の場合、株主名簿の名義書換を行うには、原則として、株主名簿上の株主と株式を買い受けた者（「株式取得者」といいます）とが共同して、会社に対して、名義書換を請求します（133条)[4]。

請求する方式は法律上特に定められていませんが、多くの会社では、株式取扱規程などに「株式の名義書換を請求するときは、所定の請求書を提出するものとする」などと定めており、名義書換請求書の提出を求めています。

書式2 ■ 名義書換請求書例（抜粋）：株券不発行会社

株式名義書換請求書

ルーチェ株式会社　御中

平成〇〇年〇月〇日

名義書換請求総株式数　〇〇株

上記の貴社株式につき、共同して名義書換を請求いたします。

株主（譲渡人）

印	〒〇〇〇―〇〇〇〇　　×××―×××―××××
	〇〇県〇〇市〇〇町〇丁目〇番〇号
	X

---

[4] 会社法施行規則22条が定める場合には、株式取得者の単独請求による名義書換をしても利害関係人の利益を害するおそれがないことから、単独での名義書換請求が認められています。

取得者（譲受人）		
印	〒○○○—○○○○	03—××××—××××
	東京都○○区○○○○	
	Y	

2　株券発行会社の場合

　株券発行会社の場合、株式の譲渡を行うには、株券を株式取得者に交付することが必要です（128条1項）[5]。その上で、株式取得者は、会社に対して株券を提示して、株主名簿の名義書換請求を行います（133条2項、会社法施行規則22条2項1号）。この場合、名義書換請求書に、請求者の氏名を記載した株券を添えて提出することを求められるのが一般的です。

書式3■名義書換請求書例（抜粋）：株券発行会社

株式名義書換請求書

ルーチェ株式会社　御中

名義書換請求総株式数　○○株

上記の貴社株式につき、株券を添えて名義書換を請求いたします。

株主（譲渡人）

印	〒○○○—○○○○	03—××××—××××
	東京都○○区○○○○	
	Y	

　もし、会社が不当に名義書換を拒絶したり、過失によって名義書換を怠ったりしたときは、株式取得者は、名義書換が未了のままでも、会社に対して

5）　株券発行会社の場合、株券の引渡しは単なる対抗要件ではなく権利移転の要件となります。

株式の移転を対抗できる場合があります（最高裁昭和41年7月28日判決、最高裁昭和42年9月28日判決）。

3 既存会社の扱い（ルーチェ株式会社の場合）

ところで、第5章Q23でも説明しましたが、会社法施行前に設立された会社（既存会社）は、定款で株券を発行しない旨の定めをした会社を除き、株券を発行する旨の定款の定めがあるものとみなされることになりました（整備法76条4項）。ただし、全株式に譲渡制限がなされている非公開会社の場合には、株主の請求があるまでの間は株券の発行義務が猶予されています（215条4項）。

ルーチェ株式会社は、定款に株券を発行しない旨の定めをしていません。したがって、これまで一度も株券を発行したことがなくても、株券発行会社に該当します。そこで、ルーチェ株式会社のX社長が、株式を長男Y副社長に譲渡するには、会社から株券の発行を受けた上で、その株券を長男Y副社長に交付しなければなりません[6]。

株券の様式は、法律上特に定められていませんので、実際に株券を作成する場合は、たとえばワープロなどでOA用紙にプリントアウトしてもかまいませんし、市販されている株券用紙を使えば、それらしく見えるかもしれません（第5章Q23参照）。

実際には、ルーチェ株式会社のように、閉鎖会社で、これまで一度も株券を発行したことがないにもかかわらず、法律上は株券発行会社になっている株式会社が多数存在するといわれています。それらの会社において事業承継を検討する場合には、あらかじめ株券不発行会社に移行するための手続（218条。第5章Q23参照）を経ることも一案でしょう。

---

[6] なお、株券の発行を受けないで株式を譲渡することは、株券発行前にした譲渡に該当し、会社に対してその効力を生じないものとされています（128条2項）。ただし、株券発行前に譲渡がなされた場合でも、会社が遅滞なく株券を発行しないなど会社に帰責事由があるときは、当事者間の意思表示で株式の譲渡ができ、会社はその効力を否定することができないとされています（最高裁昭和47年11月8日判決）。

Q.28

株主に相続が発生したら

■X社長からの質問

　私も65歳になりますが、私の周りでは亡くなった友人の遺産をめぐっての相続争いなんて話もちらほら聞こえてきます。よくよく考えてみますと、当社の株主もだいぶ高齢化しておりますので、株主にもしものことがあると、当社の株式は相続されることになります。株主の家族は当然当社の経営のことなど何もわからない方なわけですし、そのような方が当社の株式を持つようになって、経営についてあれこれ言ってくるかもしれないと思うと、気が気じゃありません。いまのうちから何か手を打っておきたいと思うのですが、何かよい方法はないでしょうか。

相続人等に対する株式売渡請求制度とはどのようなものですか？

1　相続人の名義書換請求は拒めない！

　ルーチェ株式会社のような小規模の同族会社にとって、会社にとって好ましくない人間が経営に口出しするような事態は、なんとしても避けたいところです。

　ところで、株式を売買などによって取得した場合に限らず、相続によって一般承継した場合にも、株式取得者は、会社に対し、株主名簿の名義書換を請求することができます（133条1項）。そして、会社は、名義書換請求が法律上の要件をみたすかぎり、名義書換を拒否することはできません。

　したがって、株式の相続人が、株券を提示する（株券発行会社の場合。会社法施行規則22条2項1号）、あるいは除籍謄本などで当該株式を相続した事実

を証明するなどすれば（株券不発行会社の場合。同条1項4号）、株主名簿の名義書換が行われることになり、その相続人が株主として議決権等の権利を行使するのを防ぐことは困難です。

2 相続人からの株式取得方法

そこで、会社としては、相続人を会社から排除するためには、相続開始後、相続人に対し他の株主に株式を譲渡してもらうように交渉したり、「特定株主からの取得」（160条、162条[1]）の手続によって、会社自身がその株式を取得することが必要になります。

しかしながら、これらの方法は、いずれも当該相続人の合意を得ることが前提となっており、相続人が株式の売渡義務を負うわけではありません。

これに対し、相続人に売渡義務を負わせることができる方法が、「相続人等に対する株式売渡請求」の制度です。

この制度は、譲渡制限株式について、会社が、相続その他の一般承継によって株式を取得した者に対し、その株式を会社に売り渡すことを請求できるというものです（174条）。この方法によれば、会社は相続人から株式を強制的に買い取ることによって、その者を会社から排除することができます。

相続人等に対する株式売渡請求制度を導入するには、どのような手続が必要ですか？

会社が、相続人等に対する株式売渡請求を導入するためには、売渡請求ができる旨を定款に定めることが必要です（174条）。

したがって、まずは取締役会で株主総会に定款の一部変更に関する議案を提出する旨決議し、続いて定款変更のための（臨時）株主総会を開催し、特別決議（第2章Q5参照）を得る必要があります（466条、309条2項11号）。

---

[1] 会社が特定の株主から株式を取得する場合、原則として当該株主以外の株主にも売却の機会を与えなければなりませんが（売主追加請求。160条2項、3項）、相続人等を株主から排除するという目的を達成するため、相続人等からの取得の場合には売主追加請求が排除されています（162条）。

書式1■株主総会提出議案についての取締役会議事録例(抜粋)

1　臨時株主総会招集の件について

　議長から、臨時株主総会を下記の要領にて開催したい旨の提案があり、この賛否を議場に諮ったところ、全員異議なくこれを決議した。

(1)　日時　平成〇〇年〇月〇日(〇曜日)午前〇時
(2)　場所　東京都〇〇区〇〇〇〇
　　　　　当社本店3階会議室
(3)　会議の目的事項
　　　決議事項
　　　議　案　定款一部変更の件
　　　定款第〇〇条を下記のとおり新設し、以下を1条ずつ繰り下げる。

記

(相続人等に対する売り渡しの請求)
第〇〇条　当会社は、相続その他の一般承継により当会社の株式を取得した者に対し、当該株式を当会社に売り渡すことを請求することができる。

以　上

書式2■定款を一部変更する株主総会議事録例(抜粋)

第〇号議案　定款一部変更の件

　議長は、将来にわたり安定かつ継続した経営を確保するべく、相続人等に対する株式売渡請求に関する規定を新設し、下記のとおり定款を変更したい旨を説明し、出席株主に質問はないか問うたところ、出席株主からは特段質問は出なかった。次いで議長は、その賛否を議場に諮ったところ、出席株主の議決権の3分の2以上の賛成を得たので、本議案は原案どおり可決された。

(下線部分を変更)

現行定款	変更案
（新　設）	（相続人等に対する売り渡しの請求） 第○○条　当会社は、相続その他の一般承継により当会社の株式を取得した者に対し、当該株式を当会社に売り渡すことを請求することができる。
第○○条～第○○条　（条文の記載省略）	第○○条～第○○条　（現行の第○○条から第○○条までを1条ずつ繰り下げる）（条文は現行どおり）

実際に相続人等に対して株式の売渡しを請求する手続を教えてください

　実際に、相続人等に対して売渡請求をしようとする場合、会社は、そのつど、株主総会の特別決議（第2章Q5参照）によって、①対象となる株式の種類および種類ごとの数、②当該株式を有する者の氏名または名称を定めた上で（175条、309条2項3号）、当該相続人等に対して上記①を明らかにして売渡請求をしなければなりません（176条）。この株主総会においては、当該相続人は原則として議決権を行使することができません（175条2項）。

書式3 ■売渡請求に関する株主総会議事録例（抜粋）

第○号議案　株式を相続により取得した相続人への株式の売渡請求の件

　議長は、安定した経営基盤を確立するため、当会社定款第○条の規定に基づき、下記のとおり相続により当社の株式を取得した者に対し、当該株式を売り渡すよう請求したい旨を述べ、その理由を詳細に説明し、その賛否を議場に諮ったところ、出席株主の議決権の3分の2以上の賛成があり可決確定した。

　1　請求の対象となる株式の種類と総数

　　　　　当社普通株式　○○○株
　　２　売渡請求の対象となる株式を有する者の氏名
　　　　　○山　○子

　また、売渡請求の行使期間は、会社が相続等の事実があったことを知った日から１年間に限られます（176条１項）。実際の遺産分割協議には、１年以上の長期間を要する場合も少なくありませんが、そのような場合には、相続の開始を知ってから１年以内に、法定相続人に対して、株式の共有持分の売渡しを請求することになります。

　この場合の株式の売買価格は、原則として当事者の協議によって定めることとされていますが（177条１項）、売渡請求の制度は、相続人等との合意がない場合であっても株式を取得できる制度であるため、裁判所に対して価格決定の申立てをすることも可能です。この申立ては、売渡請求があった日から20日以内に行う必要があります（同条２項）。時間的余裕がありませんので、実務上は事前に価格決定の申立ての準備をした上で、相続人等との価格

協議に臨む必要があるでしょう。また、売買価格は、分配可能額の範囲内で定めなければなりません（461条1項5号）。

　なお、会社の売渡請求があると、会社と相続人等との間で売買契約が成立し、会社が株式を取得した場合には、単独で名義書換を行えます（132条1項2号）。

　以上で説明した、相続人等に対する売渡請求手続のポイントをまとめると次のようになります。

---

① 　売渡請求ができる旨を定款に定める（174条）
② 　対象は譲渡制限株式に限る（174条）
③ 　行使期間は、相続等があったことを知った日から1年以内（176条）
④ 　そのつど株主総会の特別決議が必要となる（175条）
⑤ 　買取価格は分配可能額の範囲内で決定する（461条1項5号）

　以上のとおり、ルーチェ株式会社のような非公開会社の場合には、株主に相続が発生したときは、①相続人の合意を得て株式を会社に譲渡してもらうように交渉する方法と、②相続人に対する売渡請求を定める旨の定款の変更を行い、相続人に対する売渡請求を行う方法のいずれかによって、相続人から株式を取得し、相続人を会社から排除することが可能です。

　特に、②の相続人等に対する売渡請求は、相続人等から強制的に株式を取得できるという点で、会社にとっては強力な手段になります。相続が開始した後に定款変更を行い、それに基づき売渡請求を行うことも可能ですが、相続人に対する売渡請求の行使期間は、会社が相続等があったことを知った日から1年以内と定められていますので、あらかじめ株主に相続が発生した場合に備えて、相続人に対する売渡請求を定める旨の定款の変更を検討しておくとよいかもしれません。

Q.29

株主代表訴訟とは？

■A専務からの質問
　最近知ったことなのですが、うちのX社長は、昨年、友人から資金繰りに困っているので、5000万円ほどつなぎ融資をお願いできないかと泣きつかれて、独断で会社の金から5000万円をその友人が経営するトウサン株式会社という会社に貸し付けてしまったようなのです。今年になってトウサン株式会社は破産してしまい、その貸付金はほとんど回収できない状態になってしまいました。私としては、貸付けをする前に取締役に相談するとか、貸付けをするにしてもきちんとその会社の資産状況を審査するとか、X社長にはするべきことがあったと思うのです。そのようなことをせずに会社に損害を与えたのですから、X社長にはきちんと責任をとってもらいたいと思っています。私は会社の株主でもありますので、株主としてX社長に訴訟を起こすということはできるのでしょうか。

そもそも、この場合に
X社長に法的な責任はあるのですか？

　取締役にどのような責任があるのかについては、第4章Q15にて解説しているとおりです。
　では、今回のX社長にも責任が生じるのでしょうか。
　取締役には会社に損害を与えないように注意して業務を遂行する義務がありますので（これを善管注意義務とか忠実義務といいます。第4章Q15参照）、他社に融資を行うのであれば、きちんと回収ができるのかどうかを調査・確認

するなどの義務が存在していることになります。

　X社長のケースの場合にも、トウサン株式会社の経営状況がかなり悪いような状況で、特に調査・確認等を行わないで5000万円もの大金を貸し付けているようですから、取締役としての注意義務に違反している疑いが濃厚です。

　取締役としての注意義務に違反したことによって、会社に損害をこうむらせたということになれば、X社長は会社に対してその損害を賠償しなければいけない義務があるということになります。

株主代表訴訟とはどのような制度ですか？

　しかしながら、X社長が自発的に会社に対して損害賠償を行うことは考えにくいですし、X社長が会社の実権を握っている以上は、会社がX社長に対して損害賠償を請求することもなさそうです。

　そうなると、会社は損害を負ったままとなりますから、会社の持分であるところの株式をもっている株主としては困ったことになってしまいます。

　そこで、会社法は、株主が会社に代わって、取締役等の役員に対して訴訟を起こすことを認めています（847条）。これを株主代表訴訟といいます。

　この制度では、株主は会社のために訴訟を行うわけですから、勝訴判決を得ることができた場合でも、会社に対して金銭を支払うよう命令する判決をもらえるだけで、訴訟を起こした株主自身に対して支払うよう命じてもらえるわけではありません。ただ、株主が勝訴（一部勝訴を含みます）した場合には、株主がその訴訟を行ったことによりかかった費用[1]のうち相当な金額を支払うよう、会社に対して請求することができます（852条1項）。

　また、訴訟を提起するのに必要になる裁判所に納める印紙代は、一律で1万3000円と低額になっており、費用面では提訴しやすい制度設計になっています（847条6項、民事訴訟費用等に関する法律4条2項）。

　なお、ルーチェ株式会社のような非公開会社においては、原則としてすべ

---

1) 弁護士費用を含みますが、訴状に貼る印紙代などの訴訟費用は含みません（852条1項）。

ての株主[2]がこの制度を利用できます（847条1項、2項）。一方、公開会社においては、原則として6か月前から継続して株式を保有している株主だけがこの制度を利用できることとされています（847条1項）。

株主代表訴訟の手続を教えてください

株主代表訴訟を提起するにあたっては、原則として、実際に提訴する前の段階で、会社に対して、取締役等に対する訴訟を提起するように請求することが必要になります[3]（847条1項、2項）。具体的には、特に権限を会計監査に限定していない監査役が設置されている会社では監査役に対して請求を行うことになります（386条2項1号）。これ以外の場合には、代表取締役（349条4項）または取締役・会社間の訴訟につき会社を代表する者（353条、364条）に対して請求を行うことになります。

この請求の日から60日以内に会社が訴訟を提起しないときには、この請求を行った株主が自ら会社に代わって訴訟を提起することができるようになります（847条3項）。なお、会社は、株主から上記の請求を受けたにも関わらず、上記期間内に提訴しないときには、株主等からの請求があれば、訴訟を提起しない理由等を株主に通知しなければならないこととされています（847条4項）。

株主が訴訟を提起した場合には、株主と取締役等との直接の訴訟ということになりますので、会社にも訴訟への参加の機会を与えるために、遅滞なく会社に対して、訴訟告知をしなければならないこととされています（849条3項）。

---

[2] 単元未満株主の場合には、定款の定めにより株主代表訴訟制度の利用が制限されることがあります。
[3] この請求は書面等で行うことが必要であり、被告となるべき者がだれなのか、どのような訴訟を起こすべきなのかが明確となるよう請求の趣旨および請求を特定するのに必要な事実を明確にする必要があります（会社法施行規則217条）。要するに、取締役等にどのような義務違反があり、その取締役等にいくらの損害賠償義務があるのかを明確にしたうえで、具体的にその取締役等に対していくらの支払いを求めるべきなのかを明確にする必要があるということです。

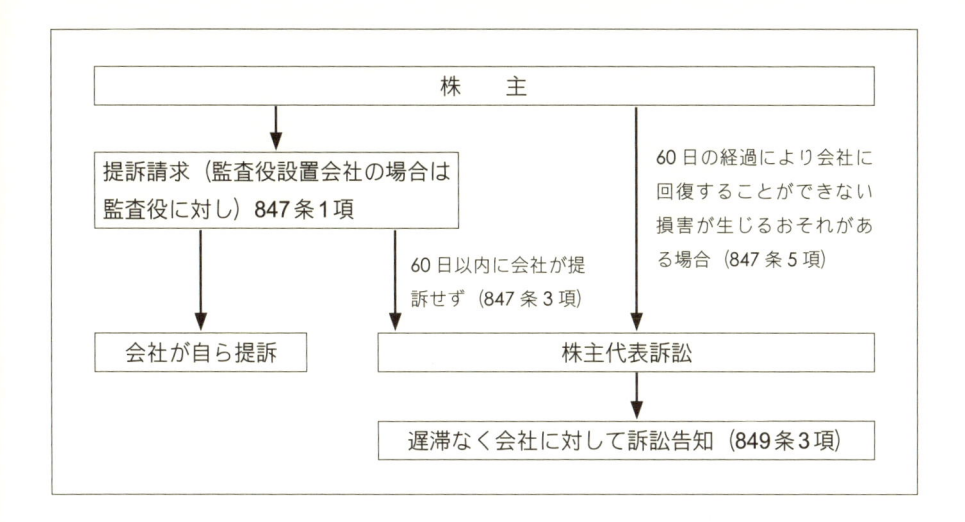

```
                              株　主
                ↓                        ↓
   提訴請求（監査役設置会社の場合は        60日の経過により会社に
   監査役に対し）847条1項                 回復することができない
                                          損害が生じるおそれがあ
                    ↓ 60日以内に会社が提     る場合（847条5項）
                      訴せず（847条3項）
      ↓                  ↓                ↓
   会社が自ら提訴        株主代表訴訟
                              ↓
                 遅滞なく会社に対して訴訟告知（849条3項）
```

不当な代表訴訟の提起に対しては、どのような対抗手段がありますか？

　そもそも、株主や第三者の不正な利益を図る目的であるとか、会社に損害を加えることを目的としている場合には、会社に対して提訴を請求することも、代表訴訟を起こすこともできません（847条1項但書）。かりに提訴しても却下されることになります。

　また、株主が、不当訴訟であることを知りながら、あえて訴訟を提起してきたような場合には、会社が裁判所に申立てを行い、その株主が「悪意」（不当訴訟であることを知っていたこと）で訴訟を提起したということを裁判所に理解してもらえれば、裁判所からその株主に対して相当額の担保を積むように命令してもらうことができます（847条7項、8項）。

　さらには、株主が不当訴訟であることを知りながらあえて訴訟を起こしてきたことによって会社が損害をこうむったのであれば、訴えを起こした株主に対して損害賠償請求を行うことも考えられます（852条2項参照）。

取引会社が倒産しそうとの噂。どうしたらいいの？

　取引会社が倒産しそうとの噂が流れてきた場合、あなたの会社はどうしますか？　その取引会社に連絡して先に自分のところだけ支払いをしてもらう、何か別の債権を譲渡してもらうといったことが考えつくかと思います。しかし、もしこのまま取引会社が破産手続を開始することになった場合、あなたが受けた支払いや債権譲渡の効力が否定され、金の返還を求められることがあるので注意しなければなりません。これは破産法上「否認権」の行使と呼ばれているものです。破産手続直前の時期に特定の債権者のみが弁済を受けることができるとすると、他の債権者に比べて不公平ですから、その分は返してすべての債権者の配当にあてなさい、というのが破産法の考え方なのです。

　では、取引会社が破産してしまった場合はどうなるでしょうか。ここでも、特定の債権者だけが優先的に弁済を受けることは原則として認められていません。例外的に、破産手続によらずに債権を充当することができると定められている方法は、主に「別除権」と呼ばれる抵当権、質権、特別の先取特権を有している場合および相殺ができる場合に限られます。これ以外の場合には、破産者の財産を換価した金員のうち配当にあてられる金額から債権額に応じて案分された金額を受け取るしかありません。また、破産者に財産がない場合には配当にあてられる金がありませんので、債権回収はまったくできないことになります。

　以上より、取引にあたっては事前の「債権管理」が必要であるといえます。具体的には、取引前は、相手方の信用調査を行う、取引開始時には債権回収を意識した契約書（別除権となる権利を設定する、保証人を付ける等）を作成する、取引開始後は取引相手の信用状態につねに目を配り不安を生じたら直ちに新たな保証人を付けるなどの対応を行うなどということが必要になるでしょう。そのような債権管理を行うことで、取引先が破産した場合にも被害を最小限に食い止めることができるのです。

（清水　香代）

第7章 M&A

- ▶「M&A」という言葉は新聞で見たことがあるけど、それは大企業にしか関係ないと思っておられる会社経営者の方は多いのではないのでしょうか。
- ▶しかし、日本国内だけでなく、海外との競争も激化する中で、中小企業が手をつないでその競争を乗り越えていくということは十分ありえることです。また、会社の将来を考えて、既存の事業だけではなく、収益源を多角化したいという会社もあるでしょう。
- ▶そこで、この第7章では、合併、事業譲渡等の各種M&Aの手続きについて解説いたします。

Q.30

M&Aって何？

■X社長からの質問
　私は古いタイプの人間なので英語やらカタカナの小むずかしい単語を聞くと頭がクラクラしてきます。私の長男は反対にそういう小むずかしい単語が大好きで、「オヤジ、今はM&Aの時代だよ。M&Aをやらない会社なんて取り残されるよ。」なんてことを言ってきます。そもそもM&Aとはどんなものなんでしょうか。そしてM&Aをやることによって、どういう効果が出てくるのか教えてください。

M&Aにはどのような種類がありますか？

　M&AとはMergers and Acquisitions（合併と買収）の略です。企業の合併や買収を総称するものです。
　M&Aは、新規事業や市場への参入、企業グループの再編、業務提携、経営不振の企業の救済などを目的として実施されます。
　M&Aの具体的種類として、株式譲渡、事業譲渡、合併、会社分割、および株式交換・株式移転などがあります。各方策にはメリット・デメリットがありますので、事案ごとにいずれの方策を選択するのか慎重に検討する必要があります。
　以下、各方策をみていきましょう。

株式譲渡とはどのようなものですか？
どのような効果がありますか？

　株式譲渡とは、文字どおり株式を譲渡することをいいますが、要するに株

主の変更ということにほかなりません。株式が譲渡されることで経営権が移転したり、経営権は移転しないまでも業務提携が図られる場合があります。

効果としては、株主が変更されるだけですので、買収される会社自体の権利関係は原則として影響を受けることはありません。非常にシンプルなM&Aの方法といえるでしょう。株式に関して譲渡制限が付されている場合の問題等については第6章Q26をご覧ください。

事業譲渡とはどのようなものですか？
どのような効果がありますか？

事業譲渡とは、株式会社が事業を他に譲渡する行為をいいます。

事業譲渡においては、どの財産や権利・義務を移転させるのかを個別に特定する必要があります。また、債務や契約を承継する場合には、相手方の同意を得る必要もあります。

株式譲渡は単に株式の譲渡で済んだのに対し、事業譲渡はこのように手続が煩雑であるというデメリットがあります。

さらに、譲り渡す事業の対象が事業の全部または重要な一部であるときや、他の会社の事業の全部を譲り受けるときは、原則として株主総会の特別決議によりその承認を受けなければなりません。

他方で、個別に手続が必要ということを逆にとらえると、事業譲渡は譲渡する権利義務の範囲を選択することができるということであり、たとえば、事業を譲り受ける側からすれば、工夫次第で簿外債務を承継しないようにすることも可能であるというメリットがあります。

相手方の会社の状況をみて、この方策を選択することも大いにありうるといえるでしょう。

具体的手続は、第7章Q31を参照してください。

合併とはどのようなものですか？
どのような効果がありますか？

合併とは、たとえば2つの会社のうち一方（吸収合併の場合）または双方（新

設合併の場合）が解散し、解散した会社の権利義務の全部が存続する会社（吸収合併の場合）または新設する会社（新設合併の場合）に包括的に承継されることをいいます。

　合併は、株式譲渡よりは手続が煩雑ですが（具体的手続は、第7章Q32を参照してください）、個々の権利義務の移転手続を経る必要がない点で事業譲渡よりは煩雑でないというメリットがあります。

　また、合併では、株式譲渡や事業譲渡と異なり、多くの場合、存続する会社の株式を消滅する会社の株主に交付することにより行いますから、存続する会社としては、M&Aに要する資金を節約することができるというメリットがあります。

　なお、会社法では、吸収合併に関しては、合併の対価を株式以外の金銭等とすることができることとなりましたので（749条1項2号、3号）、存続する会社において、消滅する会社の株主が自らの株主になることを回避したい場合には、存続する会社は消滅する会社の株主に対し株式以外の金銭等を交付するという方法がとれるようになっています。

会社分割とはどのようなものですか？
どのような効果がありますか？

　会社分割とは、会社の事業（それを構成する財産や権利義務）の全部または一部を、他の会社（承継会社）または分割により設立する会社（設立会社）に承継させることをいいます。

　要するに、会社分割により、事業の一部を専門化させるために別会社化（子会社化）したり（企業グループ内再編）、不採算部門の事業の一部をグループ外に切り離す形で移転したりすることができるようになるのです。

　しかも、効果としては合併と同様に包括承継とされていますので、債務の移転の際の債権者の同意など個々の権利移転の煩雑な手続も不要となるメリットがあります[1]。

　詳しくは、第7章Q33を参照してください。

株式交換・株式移転とはどのようなものですか？どのような効果がありますか？

　株式交換とは、既存の会社（これをAとしましょう）に対し、完全子会社となる会社（これをBとしましょう）の株主が有する全株式が移転してAが完全親会社となることをいいます。

　株式移転とは、完全親会社となる株式会社Aが新設され、Aに対しBの株主が有する全株式が移転することをいいます。

　要するに、株式交換により、企業を完全子会社化して買収したり、既存の子会社を完全子会社とすることが可能であり、株式移転により、既存の会社が持ち株会社を創設したり、既存の会社2社が1社の持株会社を創設して経営を統合したりすることが可能となるのです。

　しかも、株主総会の特別決議を経れば、完全子会社となる会社の株主が一部反対したとしても、強制的に完全子会社となる会社の発行済株式の全部を取得することができることになりますので、単なる株式譲渡より強力なM&Aの方策といえるでしょう。

　また、株式交換・株式移転では、株式譲渡や事業譲渡と異なり、原則として完全親会社の株式を完全子会社の株主に交付することになりますから、完全親会社としては、M&Aに要する資金を節約することができるというメリットがあります。

　なお、株式交換においては、完全親会社が、完全子会社の株主が自らの株主になることを回避したい場合には、完全親会社は完全子会社の株主に対し株式以外の金銭等を交付するという方法がとれるようになっています（768条1項4号、5号）。

　詳しくは、第7章Q34を参照してください。

1）　一般承継ですから、契約上の地位も当然に移転します。そうすると、分割後の会社の資力に不安がある場合など、相手方当事者は不利益をこうむることになりますが、そのような不利益は分割前の会社との契約書等でリスクヘッジしておくほかないでしょう。なお、債権者については異議の手続が用意されており、一定の保護が制度化されています。

Q.31

事業譲渡の手続は？

■Y副社長からの質問
　うちのオヤジの友達には年寄りが多くて、そろそろ会社を閉めて引退したいなどと言っている人も多いようです。そのような会社のなかには、うちと同じようなお菓子の製造をやっているところもあり、工場もまだまだ稼動できるようですし、なにより工場で働いている方々もとても真面目な方々のようです。このような会社から事業を売却したいんだけどなんていう話も聞こえてくるようになりました。事業を譲り受けるにはどのような手続が必要なのでしょうか？　株主総会を開くのが大変なので取締役会だけで済む方法はないのでしょうか。

事業を譲渡する場合の手続を教えてください

　事業譲渡とは、株式会社が事業を他に譲渡する行為をいいます。
　事業譲渡の手続は、概略、事業譲渡契約の締結、株主総会の特別決議による承認、反対株主の株式買取請求権への対応に分けられます。事業譲渡契約書については別に解説しますので、ここでは、株主総会の特別決議と株式買取請求について説明します。
①株主総会特別決議
　事業譲渡の対象が事業の全部または重要な一部であるときは、譲渡する資産の帳簿価額が当該会社の資産総額として会社法施行規則134条で定める方法により算定される額の5分の1を超えない場合を除き[1]、株主総会の特別

---

1)　定款でそれを下回る割合を定めることは可能です。

決議によりその契約の承認を受けなければなりません。どのような場合が「重要な一部」に該当するのかについては、個別具体的に判断することになります。

この決議のない譲渡契約は、原則として無効です。

② 反対株主の株式買取請求権の行使

事業譲渡に反対する譲渡会社の株主は、株式買取請求権を行使できます。

これは、事業譲渡に反対する株主が、会社に対し、自己の有する株式を公正な価格で買い取ることを請求することにより、投下資本の回収を図ることを認めるものです。

議決権を有する株主が株式買取請求権を行使するためには、事業譲渡を決議する株主総会に先立って事業譲渡に反対する旨を会社に対し通知し、かつ、総会において実際に反対しなければなりません。その上で、事業譲渡の効力発生日の20日前の日から効力発生日の前日までの間に、買取請求を行う株式の種類・数を明らかにして買取請求を行うことになります。

なお、会社としては、株主がこの買取請求権を行使することができるように、事業譲渡が効力を生じる20日前までに、株式買取請求の対象となる株式の株主に対し、当該行為をする旨を通知し、または公告しなければなりません。

事業を譲り受ける場合の手続を教えてください

ある会社が他の会社から事業を譲り受ける場合は、譲受会社は原則として株主総会決議を要しません[2]。

しかし、他の会社の事業の全部を譲り受ける場合には、当該譲渡契約につき株主総会の特別決議が必要となり、反対株主には株式買取請求権が認められます（株式買取請求に関してはすでに解説したとおりの手続となります。）。他の会社の事業の全部を引き受ける場合は、譲受会社は吸収合併の場合の存続会社に近い立場に立ち、簿外の偶発債務を含む全債務をも引き受けることとな

---

2) 事業の譲受けが事後設立にあたる場合は、株主総会の特別決議が必要となります（467条1項5号）。

る場合が多いため、株主の利益を害するおそれがあるからです。

　ただし、後述する簡易な事業全部の譲受け、略式事業全部の譲受けに該当する場合には、株主総会決議を要しません。

事業譲渡の契約書とはどのようなものですか？

　事業譲渡の契約書の一例をご紹介します。なお、事業譲渡は権利義務を特定承継させるものですから、承継される財産の範囲や権利義務の範囲を明確にする必要があります。また、債務や契約を承継する場合には相手方の同意を個別に得る必要もありますので、注意が必要です。

書式1■　事業譲渡契約書例

事業譲渡契約書

　　　　　　　　　　　　　　　　　　　　　住所
　　　　　　　　　　　　　　　　　　　　　譲渡人（甲）
　　　　　　　　　　　　　　　　　　　　　住所
　　　　　　　　　　　　　　　　　　　　　譲受人（乙）

　甲乙間において、次のとおり事業譲渡契約を締結した。

　第1条　（譲渡）
　　甲は乙に対し、甲が東京都〇〇において経営する印刷事業を代金〇〇円をもって譲渡することを約し、乙はこれを承諾した。

　第2条　（対象物）
　　前条で譲渡する事業は、工場に現存する仕掛かり品、完成品、設置機械、事業用動産、建物の造作全部、売掛金その他事業上の権利一切、ならびに工場に係る別紙物件目録（略）記載の土地及び建物の所有権を包含する。

　第3条　（引渡期日）
　　甲は乙に対し、平成〇〇年〇月〇日までに第1条の工場を明渡すとともに、前条の対象物全部ならびに事業用帳簿および書類を引渡さなければならない。

第4条（登記手続き）
　甲は乙に対し、第1条の工場に係る別紙物件目録記載の土地建物に関して甲が所有権移転登記手続を行うのに必要な書類の一切を平成〇〇年〇月〇日までに引渡し、乙の同登記手続に必要な協力を行なうものとする。

第5条（代金支払期日）
　乙は、甲に対し、第1条の代金のうち、平成〇〇年〇月〇日までに金〇〇円を甲の指定する銀行口座に振り込みにより支払い、次いで、甲が第3条および第4条の各行為を完了するのと引き換えに、残金を同様の方法にて支払う。
2　前項の振り込み手数料は、乙の負担とする。

第6条（公租公課）
　第2条に定める対象物に関する公租公課は、平成〇〇年〇月〇日までは甲が負担し、その後は乙の負担とする。

第7条（甲の義務）
　甲は、本契約設立の日から20年間、同一の事業をすることができない。

第8条（裁判管轄）
　甲及び乙は、本件に関して争いが生じたときは、東京地方裁判所を第一審の専属的管轄裁判所とすることに合意する。

　　　　　　　　平成〇〇年〇月〇日
　　　　　　　　　　譲渡人（甲）　　　　　　　　　　印
　　　　　　　　　　譲受人（乙）　　　　　　　　　　印

事業譲渡について簡易な手続を取れる場合を教えてください

　事業譲渡については、譲渡する資産の帳簿価額が当該会社の資産総額として会社法施行規則134条で定める方法により算定される額の5分の1を超えない場合はそもそも株主総会が必要ないことはすでに述べましたが、そのほ

かに、略式事業譲渡という制度があります。

また、事業譲受については、簡易な事業全部の譲受け、略式事業全部の譲受けという制度があります。

以下、それぞれみてみましょう。

まず、略式事業譲渡とは、事業譲渡の相手方（譲受会社）が譲渡会社の総株主の議決権の10分の9以上[3]を有するときは、譲渡会社において株主総会決議を要しないとされているものです（468条1項）。

次に、簡易な事業全部の譲受けとは、譲受会社が対価として交付する財産の帳簿価額の合計額の同社の純資産額として会社法施行規則137条で定める方法により算定される額に対する割合が5分の1を超えない場合には、株主総会の承認決議を要しないとされているものです（468条2項）。

ただし、譲受会社が株主に対し株式買取請求に係る通知・公告をした日から2週間以内に会社法施行規則138条で定める数の株式を有する株主がその譲受けに反対する意思を通知した場合、譲受会社は簡易な事業全部の譲受けを行えないことに注意が必要です。

さらに、略式事業全部の譲受けですが、これは、譲渡会社が譲受会社の総株主の議決権の10分の9以上[4]を有するときは、譲受会社において株主総会決議を要しないとされています。これは、略式事業譲渡を譲受会社からみた場面ですね。

---

3) 定款でこれを上回る割合を定めることが可能です。
4) 脚注3と同様定款でこれを上回る割合を定めることが可能です。

Q.32

合併とは？

■X社長からの質問

　最近のお菓子業界の競争はかなり激化してきており、私が当社を軌道に乗せた時代とは環境が様変わりしています。特に大手企業のつくる製品はレベルも高く、値段も安いものが多くなってきており、当社のような中小企業では太刀打ちがむずかしくなってきつつあります。同業の会社の社長さんと飲んでいると、中小企業が団結して大手と戦わないとやっていけないなんて話にもなります。中小企業が団結するとなると、一番最初に思いつくのは合併です。合併のことについて教えてください。

合併にはどのような種類がありますか？

　合併とは、簡単にいえば、契約によって二つ以上の会社が一つになることをいいます。この場合に、片方の会社が解散して他の会社に吸収される形の合併を吸収合併、両方の会社が解散して一つの新しい会社に統合される形の合併を新設合併といいます。

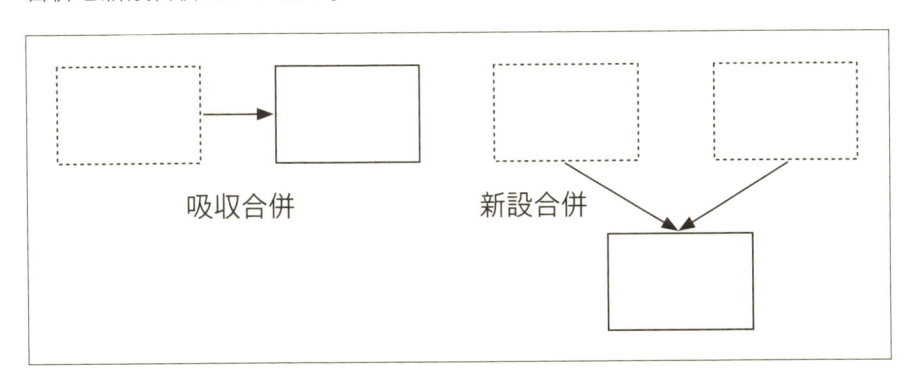

吸収合併　　　新設合併

合併により、それぞれの会社の債権も債務も当然に一つの会社に一本化されます。

　そして、解散して消滅するほうの会社（これを「消滅会社」と呼びます）の株主には、消滅会社の株式に代えて、存続会社または新設会社の株式が交付されます。さらに、吸収合併の場合には、消滅会社の株主に対して、存続会社の株式以外の財産を交付できます。これは、「合併対価の柔軟化」と呼ばれ、新しい会社法になって初めて導入された制度です。

　なお、俗にいう「三角合併」とは、消滅会社の株主に対して、存続会社の株式ではなく、吸収会社の親会社の株式を交付することをいいます。この「三角合併」が外資系企業の日本企業の買収の手段として用いられるのではないかという懸念があったため、合併対価の柔軟化については、会社法施行の際に、1年間施行が凍結されました（2007年5月1日から施行されています）。

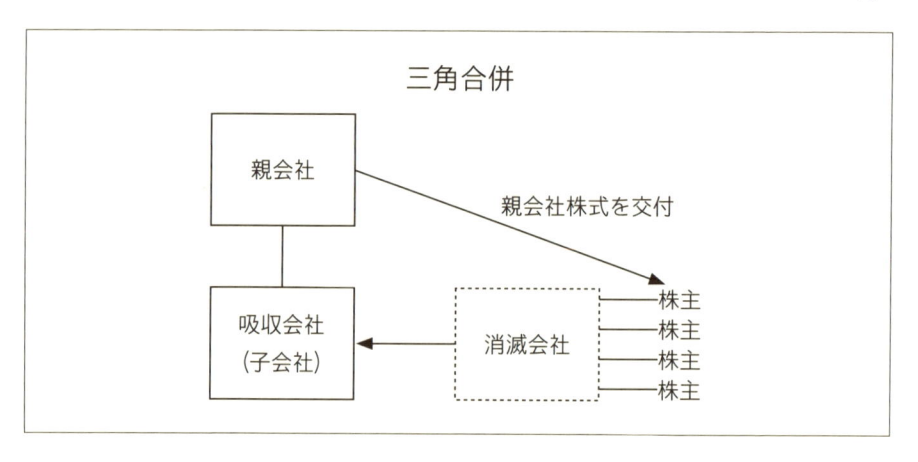

```
                    三角合併
              ┌──────┐
              │ 親会社 │
              └──┬───┘ ＼ 親会社株式を交付
                 │        ＼
              ┌──┴───┐    ＼──株主
              │ 吸収会社 │←── ┌ ─ ─ ─ ┐ ──株主
              │ (子会社) │    │消滅会社│ ──株主
              └──────┘    └ ─ ─ ─ ┘ ──株主
```

合併する場合の手続を教えてください

　合併する場合の手続ですが、一般的にとられている大まかな流れは次のようなものです。

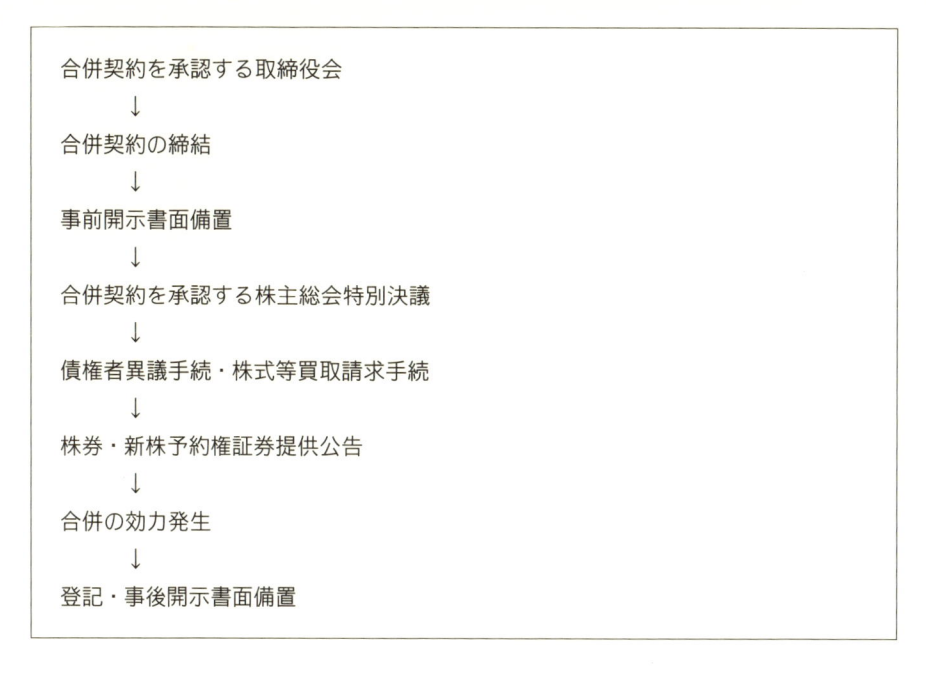

```
合併契約を承認する取締役会
        ↓
合併契約の締結
        ↓
事前開示書面備置
        ↓
合併契約を承認する株主総会特別決議
        ↓
債権者異議手続・株式等買取請求手続
        ↓
株券・新株予約権証券提供公告
        ↓
合併の効力発生
        ↓
登記・事後開示書面備置
```

　かつてのように、株主総会の後に債権者異議手続をとらなければならないという時間的な先後関係がなくなったので、新しい会社法では、最短で1か月程度で合併の手続を終わらせることができるようになりました。

　ただし、細かい実務的なスケジュールに関しては、かなり複雑なものになりますので、手続的には弁護士等の専門家に相談しながら進めたほうがよいでしょう。

合併契約書とはどのようなものですか？

　合併をする場合には、当事会社は合併契約書を締結しなければなりません（吸収合併について749条、新設合併について753条）。

　合併契約書の記載事項は次のとおりです（吸収合併を前提にします）。

吸収合併契約書の記載事項
① 存続会社および消滅会社の商号および住所
② 存続会社が、消滅会社の株主に対し、その株式に代えて交付する株式、社債、新株予約権、新株予約権付社債、その他の財産の内容、数またはその算定方法（ならびに、株式を交付するときは、存続会社の資本金および準備金の額に関する事項）
③ 上記②の割当てに関する事項
④ 消滅会社が新株予約権を発行しているときは、その新株予約権者に対して交付する存続会社の新株予約権、新株予約権付社債または金銭の内容、数、額またはその算定方法（および新株予約権付社債に付された新株予約権である場合は、存続会社が当該新株予約権付社債についての社債にかかる債務を承継する旨および社債に関する事項）
⑤ 上記④の割当てに関する事項
⑥ 吸収合併の効力発生日

吸収合併に関する具体的な契約書としては、次のようなものになります（最低限の内容を定めたごく簡単な書式です）。

書式1■吸収合併契約書例

吸収合併契約書

　ルーチェ株式会社（甲）と〇〇〇〇株式会社（乙）は、本日、次の通り、合併契約を締結した。

（吸収合併）
第1条　甲と乙は、甲を吸収合併存続会社、乙を吸収合併消滅会社として合併する（以下「本合併」という）。
2　本合併における存続会社及び消滅会社の商号及び住所は次のとおりとする。
　　　存続会社　商号　ルーチェ株式会社
　　　　　　　　住所　東京都〇〇区〇〇〇〇
　　　消滅会社　商号　〇〇〇〇株式会社

　　　　　住所　東京都〇〇区〇〇〇〇

(存続会社が交付する株式等)
第2条　甲は、本合併に際し、普通株式300株を発行し、本合併の効力発生日前日における最終の乙の株主名簿に記載・記録された株主に対し、その所有する乙の普通株式2株あたり、甲の普通株式1株を割り当てる。

(本合併により増加すべき甲の資本金等)
第3条　本合併により増加する甲の資本金及び準備金の額は次のとおりとする。
　　　　増加すべき資本金の額　　　1000万円
　　　　増加すべき資本剰余金の額　　500万円

(効力発生日)
第4条　本合併の効力発生日は、平成〇〇年〇月〇日とする。

(甲及び乙の注意義務)
第5条　甲及び乙は、本契約の締結後、前条に定める本合併の効力発生日に至るまで、それぞれ善良な管理者の注意義務をもって業務執行及び財産管理を行うものとする。

(本契約の前提条件)
第6条　本契約は、甲及び乙の株主総会の承認が得られない場合には、その効力を失うものとする。

(協議条項)
　第7条　本契約に定めるほか合併に必要な事項については、甲及び乙が協議してこれを定めるものとする。

　以上のとおり、甲と乙との間に吸収合併契約が成立したので、本書2通を作成し、記名捺印のうえ、甲・乙が各自1通ずつ保有するものとする。
　　　　平成〇〇年〇〇月〇〇日
　　　　　　　　　　　　　　　　東京都〇〇区〇〇〇〇
　　　　　　　　　　　　　　　　　ルーチェ株式会社
　　　　　　　　　　　　　　　　　代表取締役　　X　　印
　　　　　　　　　　　　　　　　東京都〇〇区〇〇〇〇
　　　　　　　　　　　　　　　　　〇〇〇〇株式会社
　　　　　　　　　　　　　　　　　代表取締役〇〇〇〇　　印

このように調印された合併契約書は、原則として、存続会社および消滅会社において、株主総会の特別決議による承認を得る必要があります。

この株主総会の議事録の書式は次のようなものになります。

書式2■吸収合併契約書を承認する株主総会議事録例（抜粋）

臨時株主総会議事録

第1号議案　吸収合併契約書
　議長は、当株式会社と○○○○株式会社との合併について、平成○○年○○月○○日付で締結した別紙吸収合併契約書について、その内容を説明したうえ、その承認を求めたい旨提案し、その賛否を議場に諮ったところ、満場一致をもって承認可決された。

さらに、合併を行う際には、合併の効力発生の前日までに債権者保護手続を終わらせておく必要があります。

債権者保護手続は、吸収合併の場合には、具体的には、

---

① 吸収合併をする旨
② 相手方当事会社の商号および住所
③ 当事会社の計算書類に関する事項
④ 債権者が一定の期間内に異議を述べることができる旨

について、官報で公告し、かつ知れている債権者に対して各別に催告することにより行います（789条2項、799条2項）。なお、官報公告に加え、定款の定めに従った新聞での公告または電子公告により公告をする場合には、債権者に対する各別の催告は必要なくなります（789条3項、799条3項）。

この官報公告および債権者への催告書の書式は次のようなものになります。

書式3 ■官報公告例：存続会社、消滅会社の連名で行う場合

合併公告

　下記会社は合併して甲は乙の権利義務全部を承継して存続し乙は解散することにいたしました。
　この合併に対し異議のある債権者は、本公告記載の翌日から1か月以内にお申し出下さい。
　なお、最終貸借対照表の開示状況は次のとおりです。
（甲）　掲載紙　　　官報
　　　　掲載の日付　平成〇〇年〇月〇日
　　　　掲載頁　　　〇〇頁
（乙）　掲載紙　　　官報
　　　　掲載の日付　平成〇〇年〇月〇日
　　　　掲載頁　　　〇〇頁
平成〇〇年〇月〇日
　　　　　　　　　　　　東京都〇〇区〇〇〇〇
　　　　　　　　　　　　（甲）　ルーチェ株式会社
　　　　　　　　　　　　　　　　代表取締役　　X
　　　　　　　　　　　　東京都〇〇区〇〇〇〇
　　　　　　　　　　　　（乙）　〇〇〇〇株式会社
　　　　　　　　　　　　　　　　代表取締役〇〇〇〇

書式4 ■債権者への催告書例：存続会社のケース

　　　　　　　　　　　　　　　　　　　　平成〇〇年〇月〇日
債権者各位
　　　　　　　　　　　　　　　　東京都〇〇区〇〇〇〇
　　　　　　　　　　　　　　　　　ルーチェ株式会社
　　　　　　　　　　　　　　　　　代表取締役　　X

催　告　書

　拝啓時下益々ご清祥のこととお喜び申し上げます。

> さて、当会社は平成〇〇年〇月〇日開催の臨時株主総会において、東京都〇〇〇〇〇〇〇、〇〇〇〇株式会社と合併してその権利義務一切を承継して存続会社となることを決議致しましたので、会社法の規定により下記のとおり催告いたします。
>
> 記
>
> 1　この合併に異議のある債権者は、平成〇〇年〇月〇日までにお申し出下さい。
> 2　この合併の効力発生日は、平成〇〇年〇月〇日です。
> 3　合併当事会社の貸借対照表の開示状況は、次のとおりです。

合併の場合には簡易な手続をとれないのですか？

　他の組織再編行為の場合と同様、合併の場合にも簡易な手続が用意されています。

　簡易な合併手続としては、簡易合併と略式合併があります。

(1)　簡易合併

　吸収合併を行う場合、存続会社に比べて消滅会社の規模が小さいときなど、存続会社の株主に対する影響が軽微な場合があります。株主総会を開催するには時間もコストもかかりますので、このような場合には、存続会社の株主総会の決議を要しないとされています。

　具体的には、

> ①合併の際に交付する存続会社の株式の数　×　一株当たりの純資産額
> 　　と、
> ②合併の際に交付する存続会社の財産の帳簿価格
> 　　の合計額が、
> 存続会社の純資産額の5分の1を超えない場合

には、存続会社においては、合併を承認する株主総会の決議が不要とされています。これを「簡易合併」といいます。

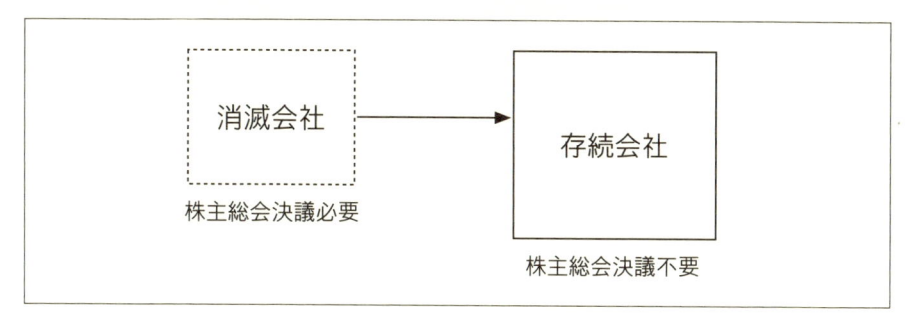

```
┌─────────────────────────────────────────────────┐
│   ┌ ─ ─ ─ ─ ┐                                   │
│   │         │         ┌──────────┐              │
│   │ 消滅会社 │────────▶│ 存続会社 │              │
│   │         │         │          │              │
│   └ ─ ─ ─ ─ ┘         └──────────┘              │
│   株主総会決議必要                               │
│                       株主総会決議不要           │
└─────────────────────────────────────────────────┘
```

　なお、上記の要件を満たす場合であっても、(i)存続会社に合併差損が生ずる場合、または、(ii)存続会社が全株式に譲渡制限が付されている会社であって消滅会社の株主に株式を交付する場合には、簡易合併をすることはできません。

　ルーチェ株式会社もそうですが、多くの中小企業は、通常、全株式に譲渡制限が付されている会社なので、残念ながら簡易合併を利用できるケースは少ないかもしれません。

(2)　略式合併

　吸収合併の当事会社の一方（A）が他方当事会社（B）の総株主の議決権の10分の9以上を有する場合は、Aが存続会社になる場合でも、消滅会社になる場合でも、Bにおける株主総会決議を要しないものとされています。

　これを「略式合併」といいます。

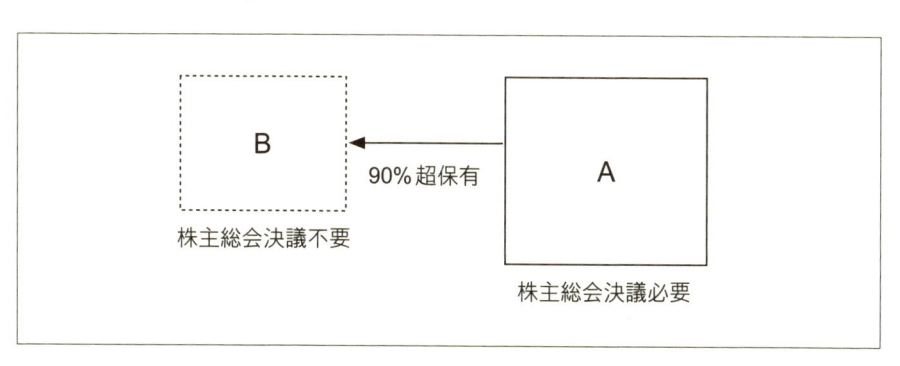

```
┌─────────────────────────────────────────────────┐
│   ┌ ─ ─ ─ ─ ┐                                   │
│   │         │         ┌──────────┐              │
│   │    B    │◀────────│    A     │              │
│   │         │ 90%超保有│          │              │
│   └ ─ ─ ─ ─ ┘         └──────────┘              │
│   株主総会決議不要                               │
│                       株主総会決議必要           │
└─────────────────────────────────────────────────┘
```

　なお、上記の要件を満たす場合であっても、一部例外がありますので、ご注意ください（784条、796条）。

Q.33

会社分割とは？

■Y副社長からの質問
　当社は、お菓子の製造をメインの事業として頑張っているのですが、オヤジの亡き父が営んでいた事業の名残で、「ぞうり」の製造業も細々と営んでおります。オヤジは、先祖から引き継いだ事業なので、できるだけつぶさないようにしたいと思っているようですが、「ぞうり事業」の赤字がどんどん大きくなる始末で、手に負えなくなってきています。会社を経営している友達と話していたら、会社分割という制度を使って「ぞうり事業」だけ本体から切り離したほうがいいんじゃないかということでした。会社分割とはどんな制度なんでしょうか。また、手続についても詳しく教えてください。

会社分割とは？

　会社分割は、株式会社または合同会社が、その事業に関して有する権利義務の全部または一部を、分割後他の会社（これを承継会社といいます）または分割により設立する会社（これを設立会社といいます）に承継させることをいいます（2条29号、30号）。簡単にいえば、一つの会社を二つ以上の会社に分けることです。多角経営化した企業がその事業部門を独立させて経営効率の向上を図ったり、不採算部門・新製品開発部門を独立させたり、他の会社の同じ部門と合弁企業をつくるなどの手段として利用されています。
　分割において既存の他の会社（承継会社）に事業を承継させる場合を吸収分割、分割により新会社（新設会社）を設立して同社に事業を承継させる場合を新設分割といいます（2条29号、30号）。

相談されたご友人が「会社分割という制度を使って『ぞうり事業』だけ本体から切り離したほうがいいんじゃないか」とおっしゃったのは次の理由と推測します。

　すなわち、会社分割後は、「ぞうり事業」を営む会社（以下、便宜上「ぞうり株式会社」といいます）は、ルーチェ株式会社とはまったく別の法人格となりますので、ぞうり株式会社の事業の継続において発生する債務はルーチェ株式会社が負う必要はありません。さらに、会社分割により、ぞうり株式会社は、分割の対象となる「事業に関して有する権利義務の全部又は一部」を承継し、承継される債権債務は、ルーチェ株式会社・ぞうり株式会社間の吸収分割契約または新設分割計画で明記します。そして、承継される債務については、原則として、分割会社（ルーチェ株式会社）から承継会社ないし新設会社（ぞうり株式会社）に免責的に債務引受されます。つまり、ルーチェ株式会社がぞうり事業において負っていた債務は、会社分割後は、ぞうり株式会社のみが債務者となって返済しなければならず、ルーチェ株式会社は債務を負わなくなるのです。免責的債務引受においては、本来的には債権者の承諾が必要ですが、会社分割においては不要とされているのです（ただし、後述のように債権者異議手続を経る必要があります）。

　また、このような赤字部門を別法人に切り離すことで、ルーチェ株式会社の収益が改善し、銀行融資等が受けやすくなることも期待できます。

　なお、会社分割に類似する制度として、他に「ぞうり事業」を事業譲渡（467条以下）する方法があります（詳細は第7章Q31をご参照ください）。事業譲渡と会社分割はまったく別の制度ですので手続等も大きく違いますが、本件に即していえば、会社分割の場合は、前記のような債権者の個別の承諾が不要な免責的債務引受（事業譲渡の場合は債権者の承諾が必要です）、取引先との契約の承継（たとえばぞうり事業における取引先との個別の継続的契約関係の移管については、事業譲渡の場合には個別の取引先の承諾が必要となりますが、会社分割の場合は不要です）、労働契約の承継（事業譲渡の場合は譲渡先の会社に転籍することについて個別の従業員の同意が必要ですが、会社分割においては協議は必要ですが承諾までは不要です）等において、会社分割にメリットがあるといえます。

分割会社と新設会社・承継会社の権利関係

　法的には、分割会社（ルーチェ株式会社）から新設会社・承継会社（たとえばぞうり株式会社という名前にしましょう）に、分割の対象となる事業（ぞうり製造業）に関する権利義務の全部または一部を移転し、その対価として、ぞうり株式会社の株式を取得するという構成になります。

　なお、ぞうり株式会社の株式を取得したルーチェ株式会社は、同株式を一定の条件の下に、分配可能額規制等の剰余金配当規制の適用を受けずにルーチェ株式会社の株主に配当することができます（792条、758条8号ロ、812条、763条12号ロ）。ルーチェ株式会社がぞうり株式会社の株式を所有する形式を物的分割といいますが、ルーチェ株式会社は、同株式を剰余金配当規制なしでルーチェ株式会社の株主に配当することができ、これは（実質的な）人的分割といえます。

会社分割の手続

　上記のように、会社分割はその性質上、会社をとりまく各ステークホルダー（利害関係者）の利害関係に重要な影響を及ぼすので、利害関係調整の見地から様々な手続が必要となります。主要な点としては、(1)会社の株主からみれば会社の資産状態と分割の条件が重要な問題となりますので、条件を明記した分割契約・分割計画を作成させ、それについて株主総会の特別決議が必要、(2)会社の債権者からみれば免責的債務引受や、債務の引当てとなる財産の流出により損害をこうむるおそれがあるので、債権者異議手続を経ることが必要、(3)会社の労働者保護の見地から、労働者との協議を経ることが必要等です。

　具体的な手続としては、新設分割の場合と吸収分割の場合で細部に差違はありますが、おおむね趣旨は共通しますので、ここでは新設分割の手続を概観します。

・会社分割の手順：新設分割の場合

①分割計画書の作成（762条）
②基準日の設定（124条）
③株主総会招集（298条、299条）
④事前開示（803条1項、2項）
　　　　株主や会社債権者らに対して判断資料を提供するべく、新設分割計画等の分割に関する資料を、原則として株主総会会日の2週間前より分割の日の後6か月を経過する日まで、本店に備置しなければなりません。
⑤労働者との協議・通知（会社分割に伴う労働契約の承継等に関する法律等）
　　　　会社分割により、労働者の個別の同意なく労働契約上の地位が当然に承継され、労働者の地位に重大な影響を及ぼすため（本件でいえば、ぞうり製造業に従事する労働者は、ルーチェ株式会社からぞうり株式会社に移管されることになります）、分割会社に労働者との協議や一定事項の通知が義務付けられます。
⑥株主総会特別決議（804条1項、309条2項）
⑦債権者異議手続（810条）
　　　　新設分割後、新設分割株式会社（ルーチェ株式会社）に債務の履行を請求することができない債権者は、新設分割について異議を述べることができます（810条1項2号）[1]。
　　　　かかる債権者がいる場合には、ルーチェ株式会社は、会社分割に関する事項等を官報に公告しなければなりません（810条2項）。
　　　　また、会社に知れている債権者に対しては、個別にこれを催告しなければなりません（同条同項）。なお、官報公告のほか、日刊新聞紙に掲載する方法による公告または電子公告（939条1項）を行った場合には、個別催告は不要です（810条3項。ただし、不法行為によって生じた債務の債権者は除く）。
　　　　そして、会社債権者が、一定期間内に異議を述べたときは、会社は、分割によっても当該債権者を害するおそれがない場合を除き、当該債権者に、弁済・相当の担保の提供等をしなければなりません（810条5項）。
　　　　なお、前記個別催告を受けなかった債権者（官報公告に加えて日刊新聞紙による公告または電子公告をも行った場合は分割会社の不法行為債権者に限る）は、新設分割計画において分割会社（ルーチェ株式会社）に債務の履行を請求

1）分割会社（ルーチェ株式会社）が、分割で得た株式等を株主に分配する場合には、すべての債権者が対象となります。

することができないとされていたときでも、ルーチェ株式会社に対して、同社が新設会社（ぞうり株式会社）の設立の日に有していた財産の価格を限度として、債務の履行を請求することができます（764条2項）。

⑧反対株主の株式買取請求権（806条、807条）

分割に反対する株主は、分割会社（ルーチェ株式会社）に、自己の有する株式を公正な価格で買い取ることを請求することができます。

⑨分割の登記（924条）

分割は、新設会社（ぞうり株式会社）の設立の日に、新設分割契約の定めに従って効力が発生しますが（764条）、分割会社（ルーチェ株式会社）においては変更の登記を、新設会社（ぞうり株式会社）においては設立の登記を、それぞれ一定期間内にしなければなりません。

⑩事後開示（811条）

分割会社（ルーチェ株式会社）と新設会社（ぞうり株式会社）は、新設会社が承継した権利義務その他新設分割に関する事項について書面を作成して本店に備え置かなければなりません。趣旨としては、会社関係者への情報開示にあり、事後開示については特に、会社分割無効の訴えを提起するか否かの判断資料の提供という意味があると説明されています。

⑪対抗要件

会社分割により、個別の資産（不動産等）については、実体的には分割会社（ルーチェ株式会社）から新設会社（ぞうり株式会社）に移転しますが、これを第三者に対抗するためには移転登記等の対抗要件をそれぞれ備える必要があります。

⑫分割無効の提訴期間の満了

新設会社設立の日から6か月の期間の経過により、分割無効の訴え（分割手続に瑕疵がある場合に、分割を無効とするべく提起される訴え。828条1項10号）の提訴期間が満了します。事前開示、事後開示の書類の備置きを要する期間も満了します。

簡易分割

　会社分割において承継される資産が小さい場合などには、分割契約・分割計画において株主総会の承認を経ずに会社分割を行うことが可能です（784条1項、3項、796条3項、805条）。

まとめ

　以上見たように、会社分割は、会社の組織を抜本的に変え、使い方によっては会社に大きなメリットをもたらすものである一方、会社のステークホルダーに重大な利害を与えるものであるため、非常に複雑な手続が必要となりますので、専門家に相談しながら検討・実行することが不可欠でしょう。

Q.34

100％子会社のつくり方

■X社長からの質問
　私の息子は新し物好きで、広告代理店事業をやりたいと私にしつこく言ってきます。息子はとあるつぶれそうな広告代理店の社長を知っていて、その社長が身売りしたいとか言っているそうで、その会社をまるごと買収して事業をやりたいなどと大それたことを言っております。とはいえ、当社はよその会社を買収するような資金などもっていないと息子に言ったところ、息子は株式交換という制度を使えば、手元資金がなくても買収できるんだと言ってききません。息子の話は本当なのでしょうか。また、株式交換とはどのような手続で行うものなのでしょうか。知合いの社長さんに聞いたところ、株式交換のほかにも株式移転という制度もあるとかないとかいう話を聞きましたが、株式移転についても教えてください。

株式交換と株式移転

　株式交換とは、ある会社が、その発行済株式の全部を他の会社に取得させて、その100％子会社になる手続です（2条31号）。株式交換によって100％親会社となる会社を「完全親会社」、100％子会社となる会社を「完全子会社」といいます（767条、768条参照）。
　株式移転とは、一つまたは複数の会社が、その発行済株式の全部を、新たに設立する会社に取得させて、その会社の100％子会社となる手続です（2条32号）。
　両者は、いずれも他の会社の100％子会社になるための手続であるという

点で共通した手続ですが、完全親会社になる会社が、既存の会社であるか（株式交換）、新設会社であるか（株式移転）という点が異なります。

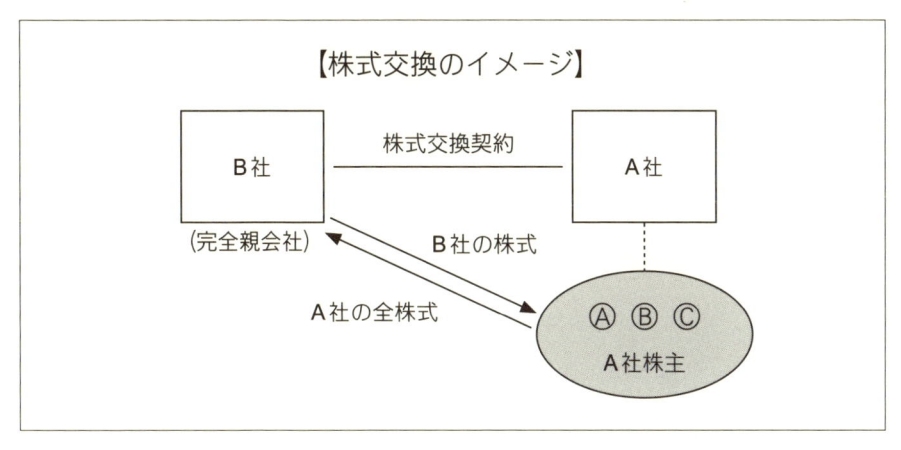

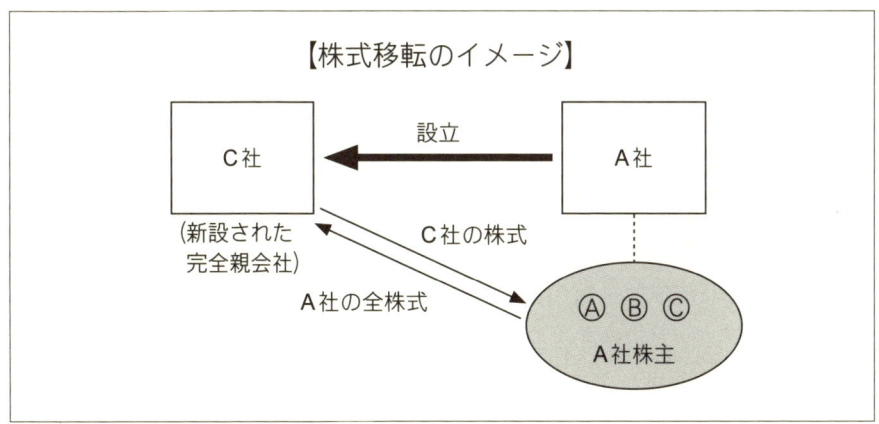

【株式交換のイメージ】

B社（完全親会社） ── 株式交換契約 ── A社
B社の株式 → A社株主 ⒶⒷⓒ
A社の全株式 ← A社株主

【株式移転のイメージ】

C社（新設された完全親会社） ← 設立 ── A社
C社の株式 → A社株主 ⒶⒷⓒ
A社の全株式 ← A社株主

　会社が、他の会社の事業を買収するためには、その会社の事業を譲り受けたり、株式を譲り受ける方法もありますが、それらの場合、譲受けの対価として多額の資金が必要となります。株式交換・株式移転によれば、対価（現金）に代えて完全親会社の株式を完全子会社の株主に交付することによって、買収資金を節約することができます。

株式交換の手続を教えてください

株式交換の手続きの大まかな流れは、以下のとおりです。

---
① 株式交換契約の締結
② 株式交換契約の備置・開示
③ 株主総会による承認（特別決議）
④ 反対株主等の株式買取請求権
⑤ 一定の場合には、会社債権者の異議手続
⑥ 事後の開示

　株式交換の各当事会社は、各々資産状態や株式交換の条件を明らかにするため、法定の事項を定めた株式交換契約を締結し（767条、768条）、その効力が生ずる日より前に株主総会の承認を得なければなりません（783条、784条、795条、796条）。また、各当事会社は、株式交換契約の内容を記載した書面等を、一定期間本店に備え置いて、株主・債権者が閲覧できるようにしなくてはなりません（782条、794条）。

　株式交換に反対する株主には、投下資本回収の機会を与えるために、会社に対する株式買取請求権が認められています（785～788条、797条、798条）。

　なお、株式交換は、会社の合併と異なり、当事会社の財産に変動をもたらしませんので、一定の場合[1]を除き、債権者異議手続は不要とされます。

　株式交換の効力は、株式交換契約で定めた効力発生日に発生します（769条1項）。完全親会社・完全子会社は、効力発生後遅滞なく、共同して、所定の事項（会社法施行規則190条）を記載した書面等を作成し、本店に効力発生日から6か月間備え置かなければなりません（791条、801条）。

---

1) 新株予約権付社債を完全親会社に承継させる場合および完全親会社が完全子会社の株主に対して交付する対価が金銭等である場合には、完全親会社の債権者が異議を述べることができます（789条1項3号、799条1項3号）。

株式移転の手続を教えてください

株式移転の手続の大まかな流れは、以下のとおりです。

① 株式移転計画の作成
② 株式移転計画の備置・開示
③ 株主総会による承認（特別決議）
④ 反対株主等の株式買取請求権
⑤ 一定の場合には、会社債権者の異議手続
⑥ 登記
⑦ 事後の開示

　株式移転の手続の流れは、株式交換とほぼ同様です。
　完全子会社となる会社は、株式移転の条件や、完全親会社の組織・体制等を明らかにするため、法定の事項を定めた株式移転計画を作成し（772条、773条）、その効力が生ずる日より前に株主総会の承認を得なければなりません（804条）。完全子会社となる会社は、株式移転計画を、一定期間本店に備え置かなくてはなりません（803条）。
　株式移転に反対する株主には、投下資本回収の機会を与えるために、会社に対する株式買取請求権が認められています（806～809条）。
　なお、株式移転も、当事会社の財産に変動をもたらしませんので、一定の場合を除き、債権者異議手続は不要です。
　株式移転の場合、新設会社について設立登記をする必要があります（925条）。株式移転の効力は、設立登記の日に生じます（774条）。完全親会社・完全子会社は、効力発生後遅滞なく、共同して、所定の事項を事後開示する必要があります（811条、815条）。

株式交換契約・株式移転計画とはどのようなものですか？

　株式交換・株式移転は、いずれも完全親会社となる会社が、完全子会社と

なる会社の全株式を取得し、その対価として完全子会社となる会社の株主が完全親会社となる会社の株式を取得する手続です。

したがって、株式交換の場合には、各当事会社は、株式交換の条件、手続のスケジュール等を明らかにするために、法定事項を定めた株式交換契約を締結しなければなりません（767条、768条）。

同様に、株式移転の場合には、完全子会社となる会社は、完全親会社の組織・体制等の法定事項を定めた株式移転計画を作成しなければなりません（772条、773条）。

実際の株式交換契約・株式移転契約の例は次のとおりです。実際の株式交換契約・株式移転計画には、法定事項以外に様々な条項が設けられるのが通常です。

書式1 ■株式交換契約書例

株式交換契約書

ルーチェ株式会社（以下「甲」という）と△△広告株式会社（以下「乙」という）は、本日、以下のとおり株式交換契約を締結する。

第1条（株式交換）
　甲及び乙は、株式交換により、乙（東京都〇〇区〇〇〇〇　△△広告株式会社）の発行済株式の全部を甲（東京都〇〇区〇〇〇〇　ルーチェ株式会社）に取得させる。

第2条（株式交換に際して交付する株式の数）
　甲は、株式交換に際し、乙の株主に対し、その株式に代えて甲の株式〇,〇〇〇株を交付する。

第3条（資本金及び準備金等）
　甲は株式交換により資本金及び資本準備金を以下のとおり増加する。
　1　資本金　　　　　　〇〇,〇〇〇,〇〇〇円
　2　資本準備金　　　　〇,〇〇〇,〇〇〇円

第4条（株式の割当）
　甲は、株式交換に際して、株式交換が効力を生ずる日の前日の最終の乙の株主名簿に記載された株主に対し、各株主が所有する乙の株式〇株につき甲の株式〇株を割当交付する。

第5条（効力発生日）
　株式交換の効力発生日は、平成〇〇年〇月〇〇日とする。ただし、株式交換手続進行上の必要性により、甲乙協議の上、これを変更することができる。

第6条（株主総会における承認）
　甲乙は、平成〇〇年〇月〇〇日にそれぞれ株主総会を招集し、本契約書の承認及び株式交換に必要な事項に関する決議を求める。ただし、株式交換手続進行上の必要性により、甲乙協議の上、これを変更することができる。

第7条（会社財産の管理等）
　甲及び乙は、本契約締結後、株式交換の効力発生日の前日に至るまで、善良な管理者の注意をもって各自の業務を執行し、かつ財産の管理運営を行うものとし、その財産及び権利義務に重大な影響を及ぼす行為については、あらかじめ甲乙協議の上これを実行する。

第8条（株式交換契約の変更及び解除）
　本契約締結の日から株式交換の効力発生日の前日までの間において、天災地変その他の事由により、甲または乙の財産又は経営状態に重大な変動が生じたときは、甲乙協議の上、本契約の内容を変更し、または本契約を解除することができる。

第9条（本契約の効力）
　本契約は、第6条に定める甲及び乙の株主総会の承認、並びに法令に定める関係官庁の承認等が得られないときは、その効力を失う。

第10条（協議事項）
　本契約に定めるもののほか、株式交換に関して必要な事項は、法令及び本契約の趣旨に従い、甲乙協議の上決定する。

```
　　本契約の成立を証するため、本書2通を作成し、甲乙各1通ずつ保有する。


　平成〇〇年〇月〇〇日


　　　　　　　　　　　　　　　甲　東京都〇〇区〇〇〇〇
　　　　　　　　　　　　　　　　　ルーチェ株式会社
　　　　　　　　　　　　　　　　　代表取締役　　X　　　　　印
　　　　　　　　　　　　　　　乙　東京都〇〇区〇〇〇〇
　　　　　　　　　　　　　　　　　△△広告株式会社
　　　　　　　　　　　　　　　　　代表取締役　〇田　×夫　　印
```

書式2■株式移転計画書例

```
　　　　　　　　　　　　　　　　　　　　　　　　　平成〇〇年〇月〇日
　　　　　　　　　　　　　株式移転計画書

　　　　　　　　　　　　　　　　　　　　東京都〇〇区〇〇〇〇
　　　　　　　　　　　　　　　　　　　　△△広告株式会社
　　　　　　　　　　　　　　　　　　　　代表取締役　〇田　×夫


　　この株式移転計画書は、当会社（以下「甲」という）が、持株会社設立を目
　的として、当会社の発行済株式の全部を、設立する株式会社ルーチェホール
　ディングス（住所　東京都〇〇区〇〇〇〇。以下「乙」という）に移転させる
　株式移転にあたり、その移転計画の内容を定めるものである。


　第1条（設立会社の定款）
　　　乙の商号、目的、本店所在地、発行可能株式数、その他定款で定める事項は、
　　別紙定款記載のとおりとする[2]。


　第2条（役員の就任）
```

---

[2] 実務上、親会社の定款の目的のなかに、子会社の目的をすべて包含しているべきであると解されていますので注意が必要です（昭和35年6月9日民事甲第1422号回答参照）。

1　乙の設立時取締役は次のとおりとする。
　　　　取締役　〇川　〇男
　　　　取締役　〇田　×夫
　　　　取締役　〇川　〇太郎
　　2　乙の設立時監査役は次のとおりとする。
　　　　監査役　〇〇　〇〇

第3条（株式移転に際して発行する株式の数）
　乙は、本件株式移転により取得する甲の株式全部に代わる対価として、株式移転に際して、普通株式〇〇株を発行し、甲の株主に交付する。

第4条（株式の割当）
　乙は、株式移転に際して、株式移転が効力を生ずる日（第6条に定める設立の登記をした日をいう）の前日の最終の甲の株主名簿に記載された株主に対し、各株主が所有する甲の株式〇株につき乙の株式〇株を割当交付する。

第5条（乙の資本の額及び準備金）
　乙の設立の際における資本金及び資本準備金の額は次のとおりとする。
　1　資本金　　　〇〇,〇〇〇,〇〇〇円
　2　資本準備金　〇,〇〇〇,〇〇〇円

第6条（株式移転すべき時期）
　本件株式移転は、平成〇〇年〇月〇日までに必要な手続きを終了させ、株式移転による設立の登記をする。ただし、手続き進行上の必要性により、甲の取締役会の承認を得てこれを変更することができる。

以　上

株式交換・株式移転の場合には簡易な手続をとれないのですか？

　吸収合併の存続会社については「簡易合併・略式合併」の制度が、吸収分割の承継会社については「簡易分割・略式分割」の制度が認められています。同様に、株式交換についても、簡易な手続が認められています。

すでに説明したとおり、株式交換については、原則として株主総会特別決議による株式交換契約の承認が必要とされますが、完全親会社となる会社の株主に及ぼす影響が軽微な場合には、完全親会社の株主総会決議は不要となります[3]（「簡易株式交換」・796条3項、会社法施行規則196条）。株主総会決議を要しない点以外は、通常の株式交換の手続と異なりません。

　また、株式交換の一方の当事会社が他方の特別支配会社（一方の会社が他方の会社（従属会社）の総株主の議決権の90％以上を保有している場合）である場合には、株主総会の開催を要求する意味が乏しい（承認されない事態が想定できない）ため、従属会社である当事会社においては株主総会の承認が不要となります（「略式株式交換」・784条、796条）[4]。略式手続によって株主総会決議が不要となる場合には、従属会社の株主は、法令・定款違反の場合または株式交換の条件が著しく不当な場合であって、従属会社の株主が不利益を受けるおそれがあるときには、従属会社に対してその差止めを請求することができます（784条2項、796条2項）。

---

[3] これに対し、完全子会社となる会社においては、通常の株式交換同様、株主総会の承認決議が必要とされます。また、一定の場合には簡易株式交換の手続をとることができません（796条3項但書）。ルーチェ株式会社のような非公開会社においては、簡易株式交換の手続がとれない場合が多いので注意が必要です。

[4] ただし、一定の場合には略式株式交換の手続をとることができません（784条1項但書、796条1項但書）。ルーチェ株式会社のような非公開会社においては、略式株式交換の手続がとれない場合が多いので注意が必要です。

他社のヒット商品をまねしたり、有名な会社の名前に似た社名をつけてもいいのでしょうか？

　同業他社との競争が厳しくなるなかで、いずれの会社もどうやって自分の会社の商品を売って、利益をあげようかと日々頭を悩ませているものと思います。そういうなかで、自分の会社と同じような商品を売っている会社が大ヒット商品を出したりすると、同じような商品名でヒット商品のコピー商品を売り出せば、自分たちの会社も売上げを増加させることができるのではないかという誘惑に駆られることもあると思います。また、名前を聞けばだれでも知っている会社というのは、世間の信頼も高いので、その会社と似たような名称の社名を付ければ、やはり売上げをあげることができるのではと思うかもしれません。しかしながら、このようなことは、不正競争防止法により禁じられています。

　たとえば、不正競争防止法2条1項1号では、「他人の商品等表示（人の業務に係る氏名、商号、商標、標章、商品の容器若しくは包装その他の商品又は営業を表示するものをいう。）として需要者の間に広く認識されているものと同一若しくは類似の商品等表示を使用」等して、「他人の商品又は営業と混同を生じさせる行為」を不正競争の一つとしています。先ほどの例でいえば、ヒット商品の名称の使用や有名な会社の名称を無断で使用する行為がこれにあたります。また、3号では、他人の商品の形態を模倣した商品を譲渡する等の行為を「不正競争」の一つとしていますが、先ほどの例でいえば、ヒット商品のコピー商品の販売がこれにあたります。

　この「不正競争」にあたる場合には、不正競争をした会社は、差止請求を受けたり、損害賠償を請求されたりしますが、さらに刑事罰の適用もありえます。したがって、不正競争行為を行った場合、多額の損害賠償の責任を負うことになったり、刑事事件で立件されるなどして新聞報道等されれば、会社の信用は地に墜ちてしまいかねません。したがって、法律を守りつつ、オリジナルのアイデアでライバル会社と切磋琢磨するということが、会社の発展のためには遠回りのようで近道だといえるでしょう。　　　　（中井　陽子）

◆編著者 〈企業法務実務研究会〉

中井　陽子（なかい　ようこ）
　執筆担当：序章、第5章Q24・Q25
　弁護士（ルーチェ法律事務所・http://www.luce-law.jp）
　同志社大学法学部法律学科卒業。
　［著書等］
　『会社を経営するならこの1冊』（自由国民社・共著）
　『一番安心できる　遺言書の書き方・遺し方・相続のしかた』（日本実業出版社・共著）
　『遺言書作成・遺言執行実務マニュアル』（新日本法規出版・共著）

吉新　拓世（よしあら　たくよ）
　執筆担当：第3章Q11、第5章Q21〜Q23、第6章Q29
　弁護士（田島総合法律事務所・http://www.tajima-law.jp/）
　東京大学法学部卒業。
　［著書等］
　『やったらどうなる？　個人情報保護法の落とし穴』（インプレス・共著）

清水　香代（しみず　かよ）
　執筆担当：第3章Q12・Q14、第4章Q15〜Q17
　弁護士（田島総合法律事務所・http://www.tajima-law.jp/）
　早稲田大学政治経済学部卒業。
　［著書等］
　『一番安心できる　遺言書の書き方・遺し方・相続のしかた』（日本実業出版社・共著）

若林　佐和野（わかばやし　さわの）
　執筆担当：第1章Q1〜Q3、第2章Q4、第3章Q13
　弁護士（はまかぜ法律事務所）
　専修大学法学部卒業。
　［著書等］
　『誰にもわかる　債権の保全と回収の手引』（新日本法規出版・共著）

◆執筆者

岡田　卓巳（おかだ　たくみ）
　執筆担当：第6章Q26〜Q28、第7章Q34
　弁護士（志賀・飯田法律事務所）
　早稲田大学法学部卒業。
　［著書等］
　『一番安心できる　遺言書の書き方・遺し方・相続のしかた』（日本実業出版社・共著）
　『遺言書作成・遺言執行実務マニュアル』（新日本法規出版・共著）

堀　鉄平（ほり　てっぺい）
　執筆担当：第2章Q5・Q6、第7章Q30・Q31
　弁護士（弁護士法人Bridge Rootsブリッジルーツ東京事務所・http://www.bridgeroots.com/tokyo/）
　中央大学法学部卒業。
　［著書等］
　『新株予約権・種類株式の実務』（第一法規）
　『取締役の実務マニュアル』（新日本法規出版）

髙橋　史記（たかはし　ふみき）
　執筆担当：第2章Q7〜Q10、第7章Q32
　弁護士（弁護士法人Bridge Rootsブリッジルーツ東京事務所・http://www.bridgeroots.com/tokyo/）
　早稲田大学政治経済学部政治学科卒業。

坂田　真吾（さかた　しんご）
　執筆担当：第4章Q18〜Q20、第7章Q33
　弁護士（弁護士法人Bridge Rootsブリッジルーツ東京事務所・http://www.bridgeroots.com/tokyo/）
　一橋大学法学部卒業、同大学大学院法学研究科修士課程修了。
　［著書等］
　『内部統制による企業防衛指針の実践』（青林書院・共著）
　『企業活動と民暴対策の法律相談』（青林書院・編集）

すぐに使える！
事例でわかる中小企業のための会社法 Q&A

2008年9月10日　第1刷発行

編著者　————　企業法務実務研究会

発行者　————　前田俊秀
発行所　————　株式会社三修社
　　　　　　　〒150-0001　東京都渋谷区神宮前 2-2-22
　　　　　　　TEL 03-3405-4511　FAX 03-3405-4522
　　　　　　　振替 00190-9-72758
　　　　　　　http://www.sanshusha.co.jp/
　　　　　　　編集担当　斎藤俊樹

印刷製本　————　広研印刷株式会社

©2008 Printed in Japan
ISBN978-4-384-03247-5 C2032

〈日本複写権センター委託出版物〉
本書を無断で複写複製（コピー）することは、著作権法上の例外を除き、禁じられています。本書をコピーされる場合は、事前に日本複写権センター（JRRC）の許諾を受けてください。
JRRC〈http://www.jrrc.or.jp　email:info@jrrc.or.jp　Tel:03-3401-2382〉